LE LANGAGE EST MA PATRIE

JORGE SEMPRUN

LE LANGAGE EST MA PATRIE

Entretiens avec
Franck Appréderis

Préface de Bernard Pivot

Libella
Maren Sell

Ouvrage réalisé avec la participation de Flach Film Production

ISBN : 978-2-355-80039-9

Préface

Jorge Semprun était un homme qui ne tenait pas en place. Toujours en mouvement. Toujours sur la brèche. Même à la fin de sa vie, alors que la douleur lui brisait les reins, il acceptait des voyages à ses yeux justifiés par la littérature, le cinéma, l'histoire, le souvenir, l'amitié. Il aimait parler face à la foule. La revanche de l'homme public sur l'homme si longtemps clandestin ?

J'ai été très heureux de le rejoindre à l'académie Goncourt. Mais si l'Académie française l'avait élu au lieu de se ridiculiser dans de navrantes chamailleries juridiques et politiques, quel discours il eût fait sous la Coupole ! Et quel plaisir – lui, jeune Espagnol qui fut lauréat du Concours général des lycées français, lui, « Federico Sánchez » dans la Nomenklatura traquée du communisme espagnol, lui, ancien ministre de la Culture de l'après-franquisme, lui, le grand écrivain de langue française – oui, quel plaisir il aurait eu à le lire, ce discours travaillé, caressé, chéri, devant le Tout-Paris…

Il avait la bougeotte, Jorge Semprun, parce qu'il était dans sa nature de s'informer, de comprendre, de savoir comment et pourquoi, de confronter ses jugements, de s'engager, de militer, de servir, de combattre, de témoigner.

La volonté de convaincre, l'ambition de séduire. Jusqu'à la colère quand ça résistait. Comme il était fascinant de la voir fonctionner, en français ou en espagnol – en allemand aussi, m'a-t-on rapporté –, cette intelligence tout-terrain, tous azimuts, toutes libertés. Ainsi apparaît-elle encore dans ces précieux entretiens avec le cinéaste Franck Appréderis. J'y entends sa voix expliquer avec une « vive clarté » pourquoi sa patrie est le langage et pourquoi, un jour, il a répondu tout à trac qu'il était, avant toute nationalité, avant toute fonction, « un ancien déporté de Buchenwald ».

Avec une incroyable énergie, Jorge Semprun, depuis ses seize ans, a été dans le va-et-vient. Entre l'Espagne et la France, entre Madrid et Paris, entre l'espagnol et le français, entre l'exil et le retour, entre la clandestinité et les honneurs, entre le cinéma et le roman, entre la poésie et le pouvoir, entre l'écriture et la vie. Et quand il n'était pas dans le va-et-vient, il se situait dans le prolongement. La Résistance comme extension de la guerre d'Espagne, le communisme comme contrecoup des combats de la Résistance et des horreurs de la déportation, la littérature comme reconstituant après les poisons du silence et les mortelles utopies. Dans le parcours de Jorge Semprun, tout paraît à la fois chaotique et logique. La fréquentation de la mort lui a donné un formidable appétit de vivre. Il a été obligé d'obéir à l'Histoire, et de l'Histoire il a fait la matière de ses romans. Il reconnaît lui-même qu'il a peu inventé. L'imagination n'était qu'un recours parce que sa mémoire débordait. C'est la faiblesse ou la force des écrivains qui ont une existence tellement romanesque qu'elle les gouverne, les obsède, les stimule, les oblige sans cesse, de livre en livre, à puiser dans son fonds. Pourquoi créer des personnages plus ou moins vraisemblables quand on possède une biographie à rendre jaloux les scénaristes de Hollywood et lyriques les historiens de la Sorbonne ?

Ce va-et-vient existentiel se retrouve dans l'écriture de Jorge Semprun. Jamais de récit linéaire. Il n'est pas écrivain à aller d'un point à un autre sans écart ni flânerie. Au contraire, il s'éloigne, il revient, il repart, il est imprévisible. Un pas en avant, deux pas en arrière. Trois pas en avant, un pas en arrière. Il avance, il se retourne, il s'arrête, il se décale, et, soudain, il bondit. Flash-backs, digressions et rapprochements. Parfois, il écrit en spirale, enchaînant les volutes. Son style restitue admirablement les occurrences de la vie et les caprices de la mémoire, à moins que ce ne soient les caprices de la vie et les occurrences de la mémoire. On ne tourne jamais en rond parce qu'il sait, avec l'efficacité du cinéaste, ajouter ou retrancher, changer d'angle ou de perspective. Et quand on croit qu'il se répète, on s'aperçoit que le philosophe et le romancier s'unissent pour creuser la réalité des choses. L'écriture de Semprun est un singulier mélange de baroque espagnol et de rigueur française.

Puis-je risquer cette suggestion ? Jorge n'aimait que les villes (« je suis un homme urbain plutôt que de la campagne » ; « je ne suis pas très rural »). Or, il est enterré dans un petit village de Seine-et-Marne où il avait une maison d'été. Pourquoi ne pas transférer sa dépouille au Panthéon ? Sur cette place du Panthéon qu'il désigne comme « le centre du monde », « d'abord parce que le lycée Henri-IV s'y trouve ; ensuite, parce qu'on y voit ce temple républicain où figure la devise : “Aux grands hommes, la patrie reconnaissante” »... À Jorge Semprun, la France reconnaissante ?

Bernard Pivot, décembre 2012.

Préambule

La puissante berline allemande fonçait à près de deux cents kilomètres heure sur l'*Autobahn* entre Francfort et Weimar. Assis à l'arrière, je regardais Jorge qui contemplait le paysage, encore hivernal en ce début du mois d'avril 2010, défiler à toute vitesse vers Buchenwald.

Jorge avait accepté de prononcer un discours pour le 65e anniversaire de la libération du camp, « son » camp, et quelques jours auparavant, alors que nous travaillions sur le scénario du film *Le Temps du Silence*, il avait accepté que je tourne un portrait de lui pour la collection « Empreintes » de France 5. Nous allions donc à Buchenwald pour que j'enregistre son discours.

Sollicité à maintes reprises, il avait toujours refusé l'idée de ce portrait. Pourquoi avait-il accepté de le réaliser à ce moment-là et avec moi ? Sans doute parce que je ne suis ni un professionnel du documentaire, ni un journaliste, et très certainement aussi parce que nous nous connaissions depuis plus de quarante ans et que nous étions engagés ensemble dans un travail de mise en image de la mémoire depuis plusieurs années. Il se sentait donc en confiance, dans une relation amicale qui n'allait pas encombrer son quotidien – puisque son quotidien, je « l'encombrais » déjà ! Et probablement encore, par curiosité. Qu'allais-je lui poser comme questions, moi un proche, qu'un journaliste ne lui aurait pas encore posées ? Toujours est-il que lorsque, avec Sylvette Frydman et Jean-François Lepetit, nos producteurs, nous lui avions parlé de ce projet, il avait tout de suite accepté par ces mots : « Si c'est toi, alors d'accord ! »

La berline que le Land de Thuringe lui avait envoyée à l'aéroport de Francfort fonçait vers ce camp qui a tant marqué sa vie et son œuvre et où, le lendemain, sur l'*Appellplatz*, dans le vent glacial qui souffle de façon quasi permanente sur ce plateau qui domine Weimar, il allait prononcer son ultime discours.

La grosse berline allemande vrombissait et mon cœur battait à la même allure que le véhicule qui nous emportait vers ce lieu terrible où Jorge retournait et que j'allais découvrir. Découvrir Buchenwald avec comme guide Jorge Semprun… Quelle exceptionnelle expérience.

Afin de réaliser ce portrait, nous avons enregistré des heures et des heures de conversations, et ceci pendant plusieurs mois. Dans la bibliothèque de l'hôtel Eléphant et dans la maison de Goethe, à Weimar. Dans les jardins de Gallimard à Paris ; dans la salle de réunion de la Maison de l'Amérique Latine, boulevard Saint-Germain, parce que c'est tout près de chez lui ; à la Cinémathèque Française, où nous avons visionné une partie de son long métrage-documentaire *Les Deux Mémoires* ; à Biriatou, sur la frontière franco-espagnole, lieu cher aux expatriés républicains, et où il aurait aimé être enterré, comme il l'a écrit de façon romanesque dans *Adieu, vive clarté* ; et dans son cher Prado à Madrid. Ce Prado de son enfance, de ses années de clandestinité, et de ses années au ministère de la Culture. Nous avons parlé aussi chez lui, à Paris, rue de l'Université, au cœur de Saint-Germain-des-Prés, là où il aimait vivre plus que partout ailleurs. Où il est mort le 7 juin 2011.

Jorge n'a pas pu relire ces entretiens avant qu'ils soient publiés ici. Avec l'accord de Dominique Landman, sa fille, de Sylvette Frydman et de Jean-François Lepetit, nous avons veillé à ce que les notes de ce livre sonnent et résonnent le plus possible «selon lui».

Franck Appréderis, novembre 2012.

Prélude

S'il fallait choisir un titre à ce long entretien, je reprendrais volontiers mon ancienne formule *L'Écriture ou la Vie*, mais cette fois sans l'opposition : « l'écriture *et* la vie ».

Pour en résumer la teneur, la seule chose qui me vienne à l'esprit, ce sont deux très belles phrases, l'une de Scott Fitzgerald et l'autre de Kafka.

Celle de Kafka est complexe : « Dans le combat entre toi et le Monde, seconde le Monde[1]. » C'est un peu ce qui m'est arrivé. Le Monde a envahi mon enfance, ma jeunesse, mais j'aurais très bien pu rester à côté, en finissant ma khâgne et en passant mon agrégation de philo. Cela n'aurait pas été honteux. Après tout, je voulais être « philosophe ».

L'autre phrase, de Fitzgerald, est plus significative, et en même temps bien plus facile à comprendre et à expliquer. Il s'agit, je crois, de la plus belle définition de la dialectique. De ce point de vue, Mao n'est rien à côté de Fitzgerald.

Celui-ci dit en substance dans *La Fêlure* que le propre d'une véritable intelligence, c'est qu'elle est capable de fonctionner sur des idées contradictoires : « Ainsi, il faudrait

1. Franz Kafka, *Journal*. 8 décembre 1917. In *Œuvres complètes*, Gallimard, Pléiade, 1984, vol. III, p. 456. Trad. Claude Marthe.

comprendre que les choses sont sans espoir et être pourtant décidé à les changer. »

C'est là pour moi la définition absolue de mon point de vue actuel. Savoir que les choses n'ont pas de solution, mais qu'il faut tout de même se résoudre à les changer. Ce n'est en rien une morale des masses. La solution est individuelle. Mais comme avec Kafka, il faut seconder ce qu'il se passe, il faut être du côté du monde, du mouvement, des changements. On peut faire l'un ou l'autre – voire ne rien faire aussi.

S'il fallait se limiter à une seule citation, avec évidemment le risque de schématisme qu'implique toujours un tel choix, pour résumer ma morale personnelle – je choisirais celle de Francis Scott Fitzgerald, Américain, célèbre, décadent, passionné de littérature… Bien sûr, on pourrait trouver un peu étrange de privilégier une telle épitaphe, parce qu'elle semble en contradiction avec ce que l'on peut savoir de mes lectures, de mes passions politiques et de ma philosophie. Et pourtant, cette phrase représente ce que j'ai véritablement envie d'affirmer car elle est très dialectique, pour reprendre ce concept déconsidéré, et même ruiné, par l'usage qu'en ont fait les staliniens.

C'est une très belle phrase. Certes, elle ne permet pas de mobiliser les masses. On ne peut pas mobiliser pour telle ou telle cause, même juste, en proclamant : « Les choses sont sans espoir, mais il faut tout de même se battre. » Mais elle sonne comme une morale individuelle de la résistance. Résistances à l'Occupation, au fascisme, aux dictatures quelles que soient leurs couleurs politiques, mais aussi à la vie quotidienne, à sa vulgarité, et à toutes les dérives restrictives de la vie démocratique.

« Il faudrait comprendre que les choses sont sans espoir et être pourtant décidé à les changer. » Vieille morale de la lutte : même si elle n'aboutit pas à la victoire, il faut rester vigilant et peser de tout son poids d'homme engagé pour la justice et pour la paix. Lutter, écrire, c'est ça ma vie.

I

À l'encre du vécu

Franck Appréderis : Comme tu l'as écrit dans *L'Écriture ou la Vie*, penses-tu toujours que la fiction est le meilleur moyen de raconter ce qu'il s'est passé ici à Buchenwald ?

Jorge Semprun : Il y a quelque chose d'étrange dans la fiction. Je pense en effet qu'elle est toujours le meilleur moyen de raconter une histoire. Le cinéma, un simple film tourné sur le vif, aurait par exemple rendu la vérité des camps de concentration nazis de façon plus frappante que n'importe quel écrit. Il aurait fallu pour cela une perspective particulière. Par exemple, imaginons qu'une des équipes du cinéma des armées alliées, qui ont été les premières à filmer les camps à la Libération, ait eu un scénario de fiction, et qu'elle ait filmé ce script dans la réalité des camps tels qu'ils étaient… Cela aurait été un film inégalable. C'étaient de très grands metteurs en scène – ou de futurs grands, comme Samuel Fuller – qui réalisaient les films dans l'armée américaine.

D'une certaine façon, c'est en devenant spectateur de la mise en scène de l'écrit que cela acquiert une réalité pour moi. Quand on écrit, on ne pense pas nécessairement à l'allure du personnage – ou alors on en a sa propre image, autobiographique, qui brouille les choses. Mais le fait de voir des acteurs incarner les personnages, tout d'un coup, rend l'événement très réel. À partir de ce moment-là, dans mon esprit, tel personnage aura tel visage. Quand je le rencontrerai à nouveau, par hasard ou non, je reverrai l'allure de cet acteur jouant le personnage plutôt que le personnage inventé, et indéfini, de l'écriture. C'est un effet très étrange de réalisme. L'illusion de la réalité.

Le problème de la reconstitution, c'est bien qu'on ne peut pas reproduire aujourd'hui le camp tel qu'il était vraiment. La réalité du camp n'a d'ailleurs pas disparu quand il a été découvert. Il a continué à fonctionner pendant quelques semaines, parce que même lorsque les Américains étaient là, et même si nous étions mieux nourris, le camp restait un camp. Il n'y avait plus les réveils tous les matins, le travail, les appels, etc., mais l'atmosphère restait la même. Les mourants étaient toujours là ; on mourait tous les jours – pas de la même façon, mais presque. Dans cette réalité atroce, une fiction aurait été extraordinaire. Enfin, c'est une idée personnelle, peut-être complètement farfelue.

F.A. : Mais le fait de réaliser une fiction aujourd'hui te paraît moins intéressant que si elle avait pu être faite au moment où les camps existaient encore ?

J.S. : C'est bien parce que je ne crois pas qu'on puisse reconstituer complètement cette réalité du camp, ou alors il faudrait des moyens extravagants, que nous avons décidé de ne pas être réalistes dans la reconstitution qu'est *Le Temps du silence*. On a essayé d'être symboliques, allusifs grâce au son et à quelques *flash-backs* très forts. Le moment est passé. Ce rêve d'une fiction tournée immédiatement après la libération des camps, dans cette réalité-là, c'est fini.

F.A. : Alors qu'à l'époque tu ne pensais pas pouvoir écrire pour témoigner penses-tu que, après avoir livré tout ce témoignage littéraire, la fiction en devient moins importante, moins nécessaire ?

J.S. : Moins nécessaire, peut-être. Mais quand il n'y aura plus de réelle mémoire vivante, la fiction redeviendra nécessaire. Le témoignage littéraire est essentiel. Avec mes films politiques, comme *L'Aveu* ou *Z*, avec Costa-Gavras, j'ai également cherché à explorer un autre rapport à l'écriture. Ce genre d'aventure scénaristique est très différent : c'est de l'écriture, mais sans en être. C'est effectivement un travail littéraire, mais qui n'a aucun rapport avec le travail de romancier, parce que le véritable auteur du film n'est pas le scénariste mais le metteur en scène – on le sait très bien quand on écrit pour lui en tant que scénariste, en tout cas on devrait le savoir. C'est lui, le metteur en scène, qui place les acteurs, les fait entrer et sortir du champ, leur indique comment s'exprimer… Ceux-ci ne parlent pas « comme c'est écrit », mais comme le metteur en scène le décide. Mais le travail de scénariste est pourtant passionnant. Pourquoi ? Parce qu'on n'est pas seul. On peut écrire un roman et ne jamais imaginer, ne jamais parler avec le personnage qu'on a créé, il n'existe pas, alors que l'incarnation par un acteur du personnage qu'on a écrit, c'est extraordinaire.

F.A. : Alors, comment es-tu passé à cette discipline-là ?

J.S. : Je suis passé à cette forme d'expression par hasard. Un jour, Alain Resnais a lu mon premier livre, que Florence Malraux lui avait donné : *Le Grand Voyage*. Le sujet l'a frappé, mais la forme encore davantage : le rapport au temps narratif avec les *flash-backs*, les *flash-forwards*. Le premier jour où nous en avons discuté, il m'a dit : « Je veux faire un film avec vous à partir de ce jeu de va-et-vient dans le temps. » À l'époque, Alain Resnais faisait des films avec des écrivains qui n'avaient jamais travaillé pour le cinéma, c'était un principe : Jean Cayrol, Alain Robbe-Grillet, Marguerite Duras…

Lors de notre première entrevue, il m'a dit qu'on ne ferait ni un film politique ni un film sur l'Espagne. Et nous avons fait *La guerre est finie* – qui parle de politique et d'Espagne ! Mais je comprends pourquoi il a dit ça. Il ne voulait pas que le film soit uniquement constitué de mes sujets, de mes obsessions. Il voulait que ce soit un partage, avec ma mémoire à moi. Au bout du compte, il n'en a pas écrit une virgule, mais c'est un film d'Alain Resnais. Il n'y a aucun doute là-dessus.

F.A. : C'est d'ailleurs à cette occasion que tu as connu Yves Montand, et qu'est née votre amitié. Une très longue amitié vous a liés très fort.

J.S. : Avec Montand, ce fut un coup de foudre d'amitié masculine. Il y avait beaucoup de raisons à cela. Il était acteur, et il a incarné des personnages qui m'ont aidé à me libérer de quelques-uns de mes vieux démons. Comme dans *La guerre est finie*, à travers le personnage de Diego. Voir Montand incarner le Diego de l'époque de ma rupture avec le Parti communiste espagnol, ou plutôt de la rupture du Parti communiste espagnol avec moi, c'était comme s'il avait pris sur ses épaules le fardeau de cette rupture. De même pour *L'Aveu* ; même si c'était une histoire par laquelle je n'étais pas personnellement concerné, je l'étais quand même idéologiquement et politiquement.

Avec Montand, notre relation avait une dimension politique et historique, mais on partageait aussi l'amitié de tous les jours, des promenades, des cinémas, des restaurants, des cuisines, des discussions sur le monde, sur les femmes… Une véritable amitié, qui n'était pas seulement fondée sur la politique ou le travail. Je crois qu'il ne s'est pas passé deux jours sans qu'on se parle au téléphone, pour commenter l'éditorial de tel ou tel journal, ou juste pour prendre des nouvelles.

L'engagement politique a nourri notre proximité, bien entendu. Quand nous nous sommes connus, il était déjà politiquement engagé. Quoique jamais membre du Parti communiste, il en a toujours été ce qu'on appelait un « compagnon de route ». C'est dans ses origines, dans la mémoire de son père italien, exilé et antifasciste, et dans sa première jeunesse à l'âge de douze, treize ans dans une usine de Marseille, que s'est enraciné son engagement. Il avait déjà une forme d'expérience, qui a été comme le socle de sa passion pour la politique et de nos échanges à ce sujet.

Au-delà de cet intérêt que nous partagions, le personnage de Montand chanteur-acteur m'a toujours fasciné. Il était d'un tel perfectionnisme, d'une telle rigueur dans le travail… D'abord la rigueur du maintien : Montand est un homme qui, jusqu'à la fin de sa vie, a fait quotidiennement quelques heures de gymnastique pour conserver sa forme et rester capable de faire des pas de danse sur scène. Je me rappelle une anecdote à ce sujet. Nous étions arrivés ensemble dans une ville, Sao Paulo, je crois. L'avion venait d'atterrir, le voyage avait été long, et avant même d'aller se reposer à l'hôtel, il a demandé qu'on le conduise au théâtre où il allait chanter le lendemain. Il voulait prendre possession de la scène, en prendre les dimensions, dire à son équipe : « Tu seras à tel endroit, les musiciens seront là, moi je rentrerai par ici… » Et à ce moment-là, j'ai vu cette chose formidable : je l'ai vu se dédoubler, se parler à lui-même à voix haute, s'interpeller à la deuxième personne. « Tu entres par là… – Il parlait de lui. – Tu vas jusqu'ici… Bobby ! – Bob Castella était l'un de ses musiciens. – Bobby, la lumière sera bonne, là ? » C'était stupéfiant de voir ce grand animal, cette bête de scène s'approprier les espaces avant même d'y chanter, et la rigueur de son travail sur scène avant même de se reposer. Je l'ai vu faire ainsi deux ou trois fois. C'était passionnant.

F.A. : Tout à l'heure, à propos de lui et de son interprétation dans *La guerre est finie*, tu as dit : « C'était mon double, je le voyais interpréter mon personnage. » As-tu ressenti la même chose devant l'acteur du *Temps du silence*, que nous venons de finir de tourner ?

J.S. : C'est étrange, parce que le souvenir de cette période qu'incarne ici Loïc Corbery s'est éloigné, mais c'est peut-être encore plus fort. Je n'ai jamais eu de sentiments particuliers à l'égard du personnage joué par Montand dans *La guerre est finie*. Je n'avais pas le sentiment de revivre l'événement. J'avais le sentiment d'assister à une chose que je connaissais intimement. Mais là, dans ce que j'ai vu du personnage au retour de Buchenwald, c'est infiniment plus fort. Là, j'ai vraiment l'impression d'assister à ma propre vie. Bien sûr, une distance subsiste, du fait qu'il s'agit d'un acteur. Quand je l'ai vu tourner cette scène où il monte la garde devant une caserne de Buchenwald avec une mitraillette, j'ai eu tout à coup un moment de trouble… est-ce que je serais vraiment deux à la fois, moi-même à quatre-vingt-six ans et moi-même à vingt ans ? C'est assez extraordinaire.

F.A. : Et quand tu as vu Bernard Le Coq jouer ton rôle pour ton premier retour à Buchenwald ? Tu étais assis dans la cour du four crématoire, qu'as-tu ressenti ?

J.S. : J'ai été bouleversé par le tournage. J'étais assis loin, mais j'avais les écouteurs pour entendre et j'ai été impressionné par le ton de sa voix, et la façon dont les phrases étaient dites. De nouveau, c'est une sensation très étrange parce que très vraisemblable. Quand les événements se déroulent à une époque plus proche, c'est moins impressionnant, je m'habitue ; c'est plus facile de voir quelqu'un jouer mon rôle à l'âge que j'ai aujourd'hui plutôt que quelqu'un qui me ressemble quand j'avais vingt ans. C'est une sensation très bizarre et complexe.

F.A. : Dans *L'Écriture ou la Vie*, tu dis que le meilleur moyen de témoigner, de raconter, serait probablement le cinéma, en tout cas l'image. Qu'est-ce qui t'a amené aujourd'hui, tant d'années après, à accepter qu'on se serve de ce livre non pour en faire une adaptation fidèle, mais comme base d'écriture ?

J.S. : La première chose qui m'a déterminé à accepter, c'est la connaissance et l'empathie que toi, metteur en scène, tu avais pour ce sujet, et la certitude que le film serait réalisé par quelqu'un qui non seulement maîtrisait l'œuvre, mais également tout le contexte. Bien sûr, je savais qu'il y aurait des moments plus ou moins bien réussis, mais ce n'était pas le problème. L'essentiel était d'être certain qu'il n'y aurait pas de « trahisons » – le mot est un peu fort, disons plutôt de « décalages » ; aucune volonté de mettre en avant une vision personnelle par rapport à une réalité écrite. C'est cette confiance entre nous qui m'a décidé.

La première adaptation qui ait été faite d'une de mes œuvres pour la télévision, c'est *Le Grand Voyage* par Jean Prat en 1969. Je l'avais acceptée, mais la grande différence avec maintenant, c'est que je n'avais pas participé à l'adaptation. Ce qui m'avait alors décidé à accepter, c'était d'abord la nouveauté de l'expérience, et ensuite la volonté et la passion de Jean Prat. Il voulait à tout prix faire ce film. Il n'a pas réussi tout de suite ; j'avais même oublié ce projet, mais il est revenu à la charge et a finalement réussi à le monter, ce qui n'était pas facile à l'époque de l'ORTF. J'ai beaucoup respecté cet acharnement, cette volonté, cette ténacité... par la suite, j'ai trouvé sa façon d'adapter l'œuvre très originale. Ainsi, le personnage principal n'apparaît jamais, il est en voix *off*, celle de Roland Dubillard qui a une voix très ironique, très distanciée, et évite ainsi le pathos et la grandiloquence. J'ai aimé. Dans le cas du *Temps du silence*, nous avons coécrit, je suis donc bien plus impliqué qu'à l'époque.

F.A. : Il se trouve que dans *Le Temps du silence,* Manuel, ton personnage, reprend essentiellement contact avec la vie à travers deux femmes, Laurence et Lorène. Quelle part les femmes ont-elles eue dans ta vie et ton parcours, aussi bien artistique que politique, à partir de ton retour du camp ?

J.S. : Elles auront eu dans ma vie réelle une place moins importante que dans le film que tu tournes. En fait, la partie la plus romanesque de tout ce que j'ai écrit pour le cinéma est justement là. Laurence ou Lorène sont des personnages de fiction. Elles ont presque le même nom, et elles sont inspirées de femmes réelles. Le personnage principal du *Temps du silence* est à la fois moi-même et quelqu'un de tout à fait autre. C'est comme si j'avais recommencé à vivre cette aventure, ce retour, d'une façon différente. Il s'agit vraiment d'une fiction pour moi : c'est pour cette raison que certaines choses ne sont pas réelles, mais seulement vraisemblables. En l'occurrence, il y a un rapport un peu complexe, ce n'est pas immédiatement « psychanalysable », c'est plus élaboré. En ce qui concerne le rôle des femmes, précisons-le bien, encore une fois : il est inventé. Je crois pouvoir dire que la chose que j'ai le mieux réussie dans ma vie, c'est la clandestinité – or, celle-ci interdit les rapports de séduction. Complètement. On ne peut se permettre le luxe d'avoir une vie rigoureusement clandestine et d'avoir des aventures ; c'est impossible. Donc il fallait oublier les possibilités, les fantasmes. La réalité à laquelle j'étais soumis, que j'ai acceptée volontairement avec beaucoup de discipline, et que j'ai imposée autour de moi (dans la mesure où on peut imposer quelque chose de privé), c'est justement la rigueur sur ce plan-là.

C'est peut-être une compensation à cette abstinence qui apparaît dans mes romans, où il y a eu un foisonnement de personnages féminins, d'aventures et d'histoires. Ce sont tous les rêves que je n'ai pas réalisés dans la réalité. J'étais extrêmement scrupuleux là-dessus, parce que c'était une question de survie. On ne peut pas mettre en danger une organisation qui a demandé beaucoup de temps à être mise sur pied, qui coûte un effort terrible, exige un sacrifice personnel et implique de nombreuses personnes, des camarades. On ne peut pas la mettre en danger pour une lubie passionnelle. José Bergamín, un écrivain espagnol catholique qui a été comme mon père partisan du Front populaire, un ami de Malraux qui apparaît dans *L'Espoir* sous le nom romanesque de Guernico, m'a dit une fois que j'avais été dans la clandestinité « un très bon torero ».

F.A. : Comment et pourquoi es-tu entré en littérature, de quelle manière et pour quelles raisons profondes ?

J.S. : D'abord, par envie d'écrire. J'ai toujours eu ce désir. Un peu par hérédité, presque, à travers le milieu familial. Mon père écrivait des essais juridiques très sérieux, mais aussi des poèmes. J'ai toujours entendu parler, autour de moi, de l'écriture comme d'un métier noble. Dans mon enfance, beaucoup d'écrivains faisaient partie de mon entourage, parmi les amis de mon père. J'ai encore en mémoire le visage de Federico García Lorca dînant à la maison. Ces souvenirs m'ont poussé à avoir l'envie d'écrire. Certains veulent être pilote de chasse, moi je voulais être écrivain…

Mon envie d'écrire vient donc de loin ; par exemple, je composais des poèmes à onze, douze ou treize ans, comme beaucoup de futurs écrivains. Mais je n'ai rien conservé de cette époque : tout a disparu dans les déménagements, les exils, etc.

Mais l'envie d'écrire est très différente du besoin d'écrire : peut-être ne serais-je jamais devenu écrivain si je n'avais pas été déporté. Je n'en sais rien. C'est une autre histoire… Ce besoin très fort, comme celui de respirer, est venu après le camp. J'ai éprouvé le besoin d'écrire l'expérience du camp – pas forcément de témoigner. Au début j'étais peut-être trop ambitieux, trop arrogant. Je pensais que le témoignage était, sans doute, une chose très importante, mais je voulais aller encore plus loin. J'ai essayé de faire une œuvre littéraire. J'ai échoué : en rentrant de Buchenwald en France à vingt-deux ans, j'ai certes réussi à écrire, mais pas ce que je voulais vraiment.

J'étais obligé de rester dans la mémoire du camp pour écrire, et la mémoire du camp, c'était la mémoire de la mort. D'où le titre d'un livre bien postérieur : *L'Écriture ou la Vie*. L'une ou l'autre, il fallait choisir. J'ai donc choisi de vivre, parce que je ne pouvais ni abandonner le projet d'écrire mon expérience à Buchenwald, ni écrire à la place des petits romans d'amour. Je n'ai rien contre les romans d'amour, mais ce n'était pas mon genre. J'ai donc abandonné complètement l'idée d'écrire.

Le besoin est revenu beaucoup plus tard, dix-sept ans après, et j'ai pu reprendre l'écriture avec sérénité. Or, quand on ne l'écrit pas, un livre évolue toujours, aussi est-ce venu presque tout seul. Et aujourd'hui, même lorsque j'écris autre chose, que je ne parle pas du camp, je ressens un besoin irrésistible, vital, d'écrire.

La possibilité d'écrire sur l'expérience de la déportation m'est revenue de façon accidentelle, et même assez romanesque. Alors que j'étais clandestin à Madrid, en tant que dirigeant du Parti communiste espagnol, il y a eu une série d'arrestations très compliquées, dont on ne savait pas vraiment jusqu'où elles allaient aller, ni à quel point la police avait démêlé les fils de l'organisation… Il a alors été décidé collectivement que les quelques dirigeants qui risquaient gros ne sortiraient plus de chez eux pendant deux ou trois semaines, le temps de mesurer jusqu'où porterait le coup de filet. Un jour, j'étais seul dans « l'appartement de fonction » du parti clandestin, il y avait une machine à écrire, du papier blanc – et je me suis mis à écrire un livre qui est devenu *Le Grand Voyage*. Ce livre, que je n'avais pas réussi à écrire dix-sept ans auparavant, est venu tout seul à cette époque-là. Je peux d'ailleurs prouver que je n'invente pas cette histoire, parce que le manuscrit, que j'ai conservé, a été écrit avec une machine qui n'a ni accent circonflexe ni accent grave, une machine espagnole.

Que s'est-il passé dans cet appartement où sont venus de nombreux autres dirigeants, dont Julián Grimau, qui a été fusillé par Franco, pour que je me remette à écrire ? Eh bien, l'un des membres du couple de militants espagnols qui s'occupait de cet appartement pour les dirigeants avait été déporté à Mauthausen, en Autriche : un camp très dur, où sont passés des milliers de républicains espagnols. Et sans savoir que j'avais été déporté moi-même – car il ne connaissait même pas mon vrai nom, mais seulement l'un de mes pseudonymes de clandestin – il me racontait le camp, son camp… et me le racontait très mal. J'ai songé alors que jamais personne ne saurait ce qu'est vraiment un camp si on n'écoutait que Manolo Azaustre. Il m'a incité non pas à raconter mieux, mais à raconter vraiment cette histoire-là. D'une certaine façon, je lui suis donc redevable de ce commencement d'écriture : c'est lui qui m'a redonné pour écrire une raison que j'avais perdue, ou bien oubliée, égarée. Ses défauts de narration m'ont permis de réfléchir à la meilleure manière de raconter une chose qui ne soit pas seulement vraie, mais vraisemblable.

F.A. : Tu as beaucoup parlé de ton côté espagnol. Pourquoi es-tu devenu un auteur français plutôt qu'un auteur espagnol ? Est-ce un choix ? Pensais-tu mieux t'exprimer en français ?

J.S. : Il y a une part de choix personnel et une part de circonstances, bien entendu. Je suis arrivé en France après la guerre civile en 1939 ; j'avais alors seize ans et une espèce de frère de cœur, Jean-Marie Soutou, qui est devenu plus tard un important diplomate, et même mon beau-frère puisqu'il a épousé ma sœur Maribel. Il m'a conseillé dans mes lectures. C'est un hasard, une chance, et je suis tombé amoureux de la langue française. Je lisais le français aisément, même si je le parlais très mal, avec un très fort accent. J'ai par exemple découvert, ce même été 1939, les livres d'André Gide, de *Paludes* aux *Caves du Vatican*, et de Louis Guilloux, *Le Sang noir* qui, à mon avis, n'a pas eu l'écho qu'il devait avoir. Avec *L'Espoir* de Malraux, c'est à mes yeux le plus grand roman français du XXe siècle.

Je suis tombé complètement amoureux du français. Et c'est là qu'est intervenu mon choix : j'ai eu cette volonté non pas d'écrire comme ces auteurs, mais bien de maîtriser cette langue aussi bien qu'eux – cela paraît un peu ridicule, mais c'était mon aiguillon. L'espagnol est devenu une seconde langue… J'ai connu comme ça des familles en Europe centrale, en Suisse, partout, des familles d'origine juive espagnole, qui parlaient dans leur vie quotidienne français s'ils étaient genevois, ou grec s'ils étaient d'Athènes ou de Salonique ; mais, une fois franchie la porte de la maison, ils parlaient dans un espagnol sépharade du XVIe siècle, le *ladino*. Sans aller jusque-là, c'était un peu la même chose pour nous : en famille, avec mes frères, nous parlions espagnol, et le reste du temps français.

C'est la langue que j'ai aimé parler. À tel point que lorsque j'étais clandestin en Espagne, où je ne parlais qu'espagnol et n'entendais parler autour de moi que cette langue, durant les quelques semaines où je m'étais isolé pour me cacher de la police, j'ai pourtant écrit *Le Grand Voyage* en français. Parce que c'était la langue de mon adolescence, dans laquelle j'avais vécu cette histoire-là. Dès lors, j'ai continué à écrire en français.

La deuxième raison n'est plus un choix, mais une nécessité : dès lors que tous mes livres traduits du français en espagnol étaient interdits par la censure franquiste, à quoi bon écrire dans une langue où je n'aurais même pas pu être publié ? Ou alors très loin, au Venezuela, en Argentine… En français, j'avais des lecteurs.

Par la suite, j'ai écrit de nouveau en espagnol quand il y a eu une vie démocratique en Espagne, une culture différente, une possibilité de s'exprimer sans censure d'aucune sorte. Du coup, je l'ai fait de temps en temps. Mon dernier roman, *Vingt ans et un jour*, est écrit en espagnol pour me prouver et prouver autour de moi que je suis encore un écrivain espagnol. Mais je déteste me traduire. Je refuse.

F.A. : Ma question précédente m'amène à te demander pourquoi, une fois la démocratie rétablie en Espagne, tu as continué à vivre en France. Est-ce parce que tu te sentais aussi Français qu'Espagnol ? Pourquoi as-tu, finalement, fait le choix de rester « Français » ?

J.S. : C'est compliqué ! Il m'est arrivé de faire le choix de revenir en Espagne, d'y rester, d'y vivre… Et puis je retournais à Paris. À l'époque de mon ministère, et un peu avant et après, j'ai un peu voyagé ainsi. Pendant une période j'avais même une maison à Madrid et une à Paris. Mais ça complique trop les choses. Fondamentalement, ma part de lecture et de réflexion est liée à la langue française plutôt qu'à la langue espagnole. En outre, la France est beaucoup plus tranquille. La France a un énorme avantage sur l'Espagne, c'est sa froideur… ou sa tolérance, selon qu'on souhaite être plus ou moins critique. Ainsi, à Paris, il est parfaitement possible de s'absenter, se plonger dans le travail pendant trois ou quatre semaines, et les amis, même les plus intimes, ne s'inquiètent pas. Ils ont des nouvelles au téléphone. Ils se disent : Bon ! Il travaille ! À Madrid, c'est impossible. Là-bas, si au bout de huit jours je ne suis pas apparu – j'exagère un peu, bien sûr, par goût de la caricature –, les copains se réunissent pour s'inquiéter : « Qu'est-ce qu'il lui arrive ? Il est malade ? Il est fâché ? » Et il faut un dîner jusqu'à 4 heures du matin avec une énorme quantité de whisky, ou quelque autre boisson, pour expliquer qu'il ne se passe rien, que je suis simplement ailleurs parce que je travaille…

Cette question d'« écrivain national » me rappelle ce qui m'est arrivé pour être admis à l'académie Goncourt. Les statuts de l'académie Goncourt, ne parlons même pas de l'Académie française, stipulaient « écrivain français ». En 1996, quand j'ai été coopté à l'académie Goncourt, il a fallu changer les statuts. Il est maintenant écrit : « écrivain de langue française ». C'est-à-dire qu'on a ouvert la porte à l'écrivain venu d'Afrique du Nord, par exemple. Je trouve cette définition bonne et appropriée : je suis un écrivain européen et un écrivain de langue française. C'est ma langue principale. Je crois que là s'exprime bien ce que je ressens moi-même : je me sens tout à fait comme un « écrivain de langue française ».

Et je suis aussi resté un écrivain bilingue. La plupart des écrivains de langue française ou de langue anglaise, d'origine étrangère, ont fini par devenir unilingues : Nabokov a fini par n'écrire qu'en anglais, de même que Brodsky, grand poète d'origine russe. Moi, j'écris toujours en espagnol de temps en temps. Ce n'est pas une vantardise, je tiens juste à souligner cette différence, qui est aussi une difficulté.

F.A. : Thomas Mann disait : « Ma patrie, c'est la langue allemande ». Pourrais-tu dire, toi, « ma patrie, c'est la langue française » ?

J.S. : Non, je ne dirais pas cela. De fait, quand j'écris en espagnol, je suis aussi dans ma patrie. J'ai trouvé une formule personnelle qui est un peu différente de celle de Thomas Mann, mais on ne peut pas faire ce jeu de mots dans toutes les langues : moi, je dis : « Ma patrie, c'est le langage » – non pas une langue en particulier, mais « le langage » en général.

En allemand, on ne pourrait pas faire ce jeu de mots, parce qu'il n'y a que le mot *Sprache* qui signifie aussi bien langue que langage. En français, en espagnol, on peut le faire. Enfin le langage, qu'est-ce ? Paul Valéry a écrit : « Honneur des hommes, saint Langage[1] ! » Assurément, le langage est ce qui fait de l'animal humain un être humain. C'est la communication, l'amour, la haine, la discorde, la concorde, la politique, le roman – tout ! Tout passe par le langage. Cette référence est à la fois plus large et plus concrète que le seul mot de « langue ». La langue, on peut en changer, on peut naître petit enfant marocain et devenir un grand écrivain français. On peut naître petit enfant turc et devenir un grand écrivain allemand. La langue est moins déterminante qu'on ne le croit, alors que le langage englobe tout.

F.A. : Tes livres sont d'inspiration plus biographique que romanesque.

J.S. : Au-delà du langage, j'ai un problème particulier avec l'écriture. Je sais pertinemment que l'écriture d'un roman, c'est l'invention d'un monde, même si on s'inspire d'expériences personnelles, comme tous les écrivains. Même s'il y a une référence à l'enfance, aux souvenirs, dans l'œuvre en tout cas, un vrai romancier est quelqu'un qui invente tout un monde. La très belle phrase de Boris Vian devrait toujours pouvoir s'appliquer : « Dans ce livre, tout est vrai puisque j'ai tout inventé. » C'est une très belle définition du roman.

Je sais bien qu'en ce qui me concerne je n'arrive pas à inventer suffisamment. Dans mon expérience vécue, un peu parce que je l'ai choisie et beaucoup du fait des hasards du XXe siècle, de l'exil, de la Résistance, de la déportation, toutes choses que je n'ai pas choisies mais qui m'ont été imposées par l'Histoire, il y a une matière tellement romanesque que j'ai une tendance inévitable, objective, à éla-

1. Paul Valéry, *Charmes*, « La Pythie », Paris, Gallimard, 1922.

borer à partir de cette matière-là. Il est vrai que j'écris aussi des livres qu'on peut qualifier de « romanesques ». *L'Algarabie*, par exemple, est un livre où tout est vrai justement parce que j'ai tout inventé. Mai 68 n'a pas fini comme dans le roman, et la Commune de la rive gauche est complètement inventée. Mais, en général, il m'est très difficile d'éviter qu'il y ait au moins un personnage qui a quelque chose à voir avec les camps. Tout à coup, un personnage apparaît et impose sa mémoire à lui : et cette mémoire, c'est la fumée du crématoire. Il faut donc que je fasse attention avec ça !

Adieu, vive clarté... retrace une certaine époque de mon adolescence ; il était important pour moi de raconter une histoire qui s'était déroulée avant, afin d'éviter l'irruption involontaire des souvenirs du camp.

Mon problème d'écrivain se résume à cette question : comment faire pour être romanesque au-delà de l'expérience de la vie ? Je vois bien comment, mais y parvenir... C'est un problème qui ne se pose évidemment pas pour tous les écrivains, car il y en a dont la vie personnelle ou les expériences n'ont pas la même force. Ce qui est intéressant chez eux, c'est justement l'œuvre qu'ils ont conçue à partir de la réalité ou de l'imagination. En ce qui me concerne, heureusement ou malheureusement, ma vie a été si romanesque qu'elle m'empêche parfois d'écrire un vrai roman.

F.A. : Comme tu le dis, en effet, ton œuvre est beaucoup inspirée par ton expérience de détenu ou de clandestin ; en revanche, tu n'as rien écrit à partir de ton expérience ministérielle, du moins à ma connaissance, pas même comme toile de fond d'une histoire fictive...

J.S. : J'en ai tout de même parlé dans un livre qui porte sur cette période : *Federico Sánchez vous salue bien*. Je l'ai d'abord écrit en espagnol, *Federico Sánchez se despide.* Il s'agit d'un récit qui tâche de réfléchir sur l'expérience d'un écrivain dans un ministère : les limites de sa fonction, ses avantages, etc. Ce n'est ni une étude systématique, ni des Mémoires au jour le jour, ni un bilan, ni l'analyse de toute l'activité ministérielle, mais bel et bien une réflexion. Le personnage principal est un écrivain qui n'est plus exilé parce que la démocratie est rétablie en Espagne, qui voyage normalement avec un passeport espagnol, même s'il vit à Paris ; un écrivain qui soudain, et de façon pour lui imprévue, est devenu ministre. Cette réflexion est incomplète, bien entendu, mais je crois que je ne creuserai pas davantage et que je ne reviendrai pas sur cette expérience dans d'autres livres.

F.A. : Pourquoi n'as-tu jamais écrit sur les événements qui ont précédé immédiatement ta déportation ? L'arrestation, la Résistance…

J.S. : La première raison, technique, mécanique, voire accidentelle, c'est que j'ai voulu écrire un livre sur l'expérience de Buchenwald au retour du camp, mais sans y arriver. Comme je l'ai déjà dit, quand j'ai fini par y parvenir, bien des années plus tard, cela m'a conditionné : je suis resté dans ce récit autobiographique. Je racontais tout à partir des camps. Tout ce qui se passe avant, je ne l'ai pas encore écrit ; mais cela reste un projet. Écrire le roman des études, des années 1941 à 1943 qui sont mes années de formation étudiante et d'entrée dans la Résistance, décrire Paris sous l'Occupation, la Résistance, les surprises-parties, la découverte du jazz… Il y a là beaucoup d'expériences importantes pour moi, que je n'ai jamais traitées d'une façon romanesque. Ce livre a même déjà un titre très personnel : *La Forêt d'Othe*, qui est le lieu où s'est réellement déroulée une partie de mon expérience de la Résistance, des maquis de Bourgogne, dans la Côte d'Or.

L'écrirai-je un jour ? Je l'ignore.

F.A. : Ton dernier livre paru s'intitule *Une tombe au creux des nuages*. Mais quid des années à venir ? *La Forêt d'Othe*, justement ?

J.S. : Il serait difficile de tomber sur une période de ma vie où je ne travaille pas à quelque chose, parce que écrire fait partie de mes raisons de vivre et d'accepter la vie telle qu'elle est. Donc, je suis en effet en train de travailler… mais peut-être sur trop de projets à la fois ! Deux d'entre eux sont fondamentaux à mes yeux : un « vrai » roman, soit une histoire où tout serait vrai parce que j'aurais tout inventé, excepté l'histoire du XXe siècle en arrière-plan. Et puis une réflexion qui reprendrait les thèmes autobiographiques que j'ai déjà abordés, mais de manière plus systématique. Ce livre serait conçu comme une suite. Il pourrait y avoir un, deux, trois ou quatre volumes, sous le même titre : *Exercices de survie*, où je reconstruirais la vie, ma vie, en fonction du thème choisi. La première partie en est pratiquement achevée et porte sur l'expérience de la Résistance, et sur ma jeunesse. Elle est articulée autour d'un thème dont j'ai très peu parlé jusqu'ici, et que j'aborde autant par le biais de l'expérience vécue que par celui de la réflexion : c'est la torture.

Le volume suivant portera sur la découverte de l'extermination du peuple juif en Europe. C'est pour moi une découverte indirecte, puisque je n'ai jamais été dans un camp d'extermination. Mais j'ai rencontré des gens qui y ont survécu, et c'est donc à travers le choc de cette révélation, ressenti à Buchenwald et par l'intermédiaire de témoignages directs, que je peux réfléchir à cette singularité radicale, absolument bouleversante à tous points de vue : l'extermination massive, industrielle, du peuple juif.

Le troisième thème, c'est le Parti communiste, dans les camps et dans la Résistance. Je veux réfléchir sur cette partie de ma vie où j'ai voulu être « ça », et, en même temps, sur ces vingt années passées à me déprendre de « ça » et à détruire en moi ce qui avait été l'objectif de ma vie pendant si longtemps. Il y a là une foi et une apostasie. Les thèmes que j'aimerais traiter, en fait, sont légion – c'est un livre interminable parce que, si on reconstruit sans jamais rien répéter de ce qui a déjà été écrit, on peut imaginer plusieurs volumes, plusieurs livraisons de cette expérience-là.

Je travaille actuellement au premier volume. À quel moment vais-je interrompre cette première partie ? Cela dépendra un peu du succès avec lequel j'arriverai à mettre en place cette matière première. L'idée est bien de la construire autour de l'expérience fondamentale de la torture, très bien décrite par Aragon dans un vers de son poème « Chanson pour oublier Dachau ». Il parle des revenants des camps, « comparant tout sans le vouloir à la torture ». C'est ça ! C'est exactement le thème de la prochaine livraison du cycle intitulé *Exercices de survie.*

II

Lieux de mémoires

Discours de Jorge Semprun prononcé en allemand le 11 avril 2010 à Buchenwald

Le 11 avril 1945, il y a donc soixante-cinq ans, aux alentours de 17 heures, une Jeep de l'armée américaine se présente à l'entrée du camp de concentration de Buchenwald.

Deux hommes descendent du véhicule.

De l'un d'eux, on ne sait pas grand-chose, les documents dont on dispose ne sont pas très explicites, ce qui est certain, c'est qu'il s'agit d'un civil. Mais pourquoi se trouvait-il là, aux avant-postes de la sixième division de la Troisième armée américaine du général Patton ? Quelle est sa profession ? Quelle est sa mission ? Est-il journaliste ? Ou, ce qui est plus probable, est-il expert ou conseiller civil d'un organisme militaire de renseignements ?

On n'a aucune certitude sur la question.

Il est là, pourtant, présent, à 5 heures de l'après-midi en ce jour mémorable, devant la porte d'entrée monumentale du camp de concentration. Il est là, et il accompagne le second occupant de la Jeep.

Ce dernier, en revanche, a été clairement identifié : c'est un lieutenant, mieux encore un premier lieutenant, un officier de renseignements militaires assigné à l'Unité de guerre psychologique de l'état-major du général Omar N. Bradley.

Nous ne savons pas ce qu'ont pensé les deux Américains lorsque, en descendant de la Jeep, ils ont découvert l'inscription en lettres de fer forgé sur la grille de la porte d'entrée de Buchenwald : *Jedem das Seine.*

On ignore s'ils ont eu le temps de réaliser la portée d'un tel cynisme criminel et arrogant. Une sentence référant à l'égalité entre les êtres humains à l'entrée d'un camp de concentration, au seuil d'un endroit mortifère, un lieu consacré à l'injustice la plus arbitraire et la plus brutale, où il n'existait pour les déportés que l'égalité face à la mort !

Un cynisme semblable s'exprimait dans la sentence inscrite à l'entrée d'Auschwitz : *Arbeit macht frei.*

Un cynisme caractéristique de la mentalité nazie.

On ignore ce que les deux Américains ont pensé dans ce moment historique. Mais nous savons qu'ils ont été accueillis avec engouement, applaudis par les déportés en armes qui montaient la garde à l'entrée de Buchenwald. Nous savons qu'ils ont été fêtés comme des libérateurs. Et ils l'étaient, en effet.

Nous ne savons pas ce qu'ils ont pensé, comme nous ignorons presque tout de leur vie, de leur histoire personnelle, de leurs plaisirs, de leurs peines, de leur entourage familial, de leurs années d'étudiants, si tant est qu'ils l'aient été.

Mais nous connaissons leurs noms.

Le civil s'appelait Egon W. Fleck et le premier lieutenant, Edward A. Tenenbaum.

Répétons encore une fois, ici, sur l'*Appellplatz* de Buchenwald, soixante-cinq années après ce jour, dans ce lieu dramatique, ces deux noms oubliés et illustres : FLECK et TENENBAUM.

Ici, où retentissait la voix gutturale, hostile, agressive du *Rapportführer* tous les jours de la semaine, assénant ordres et insultes, ici, où retentissait aussi, dans les haut-parleurs, quelquefois, le dimanche après-midi, la voix chaude et sensuelle de Zarah Leander avec ses sempiternelles chansonnettes d'amour, ici même nous allons répéter à voix haute, en criant s'il le faut, ces deux noms : EGON W. FLECK et EDWARD A. TENENBAUM.

Merveilleuse ironie de l'histoire, incroyable revanche : les deux premiers Américains qui arrivent à l'entrée de Buchenwald, ce 11 avril 1945, avec l'Armée de libération, sont deux combattants juifs. Et, de surcroît, deux Juifs américains issus d'une immigration germanique plus ou moins récente.

Nous savons déjà, mais il n'est pas inutile de le répéter, que pendant la guerre impérialiste d'agression déclenchée en 1939 par le national-socialisme, guerre qui aspire à établir une hégémonie totalitaire en Europe, voire dans le monde, nous savons déjà, dis-je, que, dans cette guerre, l'intention constante et effective d'extermination du peuple juif constitue un objectif essentiel, prioritaire, parmi les objectifs de guerre d'Hitler.

Ouvertement, sans aucune concession à une quelconque restriction morale, l'antisémitisme racial fait partie du code génétique de l'idéologie nazie, et ce depuis les premiers écrits d'Hitler, depuis sa toute première activité politique.

Afin de parvenir à ce que l'on a appelé la *Solution finale* de la question juive en Europe, le nazisme organise l'extermination systématique dans l'archipel des camps spéciaux de l'ensemble Auschwitz-Birkenau, en Pologne.

Buchenwald ne fait pas partie de cet archipel. Ce n'est pas directement un camp d'extermination, avec sélection constante pour l'envoi dans les chambres à gaz. C'est un camp de travaux forcés, sans chambres à gaz. La mort, à Buchenwald, est le résultat naturel et prévisible de la dureté des conditions de travail et de la malnutrition systématique.

Par conséquent, Buchenwald est un camp sans Juifs, *Judenrein*.

Pourtant, pour des raisons historiques concrètes, Buchenwald connaît à différentes périodes la présence massive de déportés juifs.

Une de ces périodes se situe dans les premières années d'existence du camp, lorsque, après la Nuit de Cristal et le Grand Pogrom qui a été organisé, en novembre 1938, par Hitler et Goebbels en personne, des milliers de Juifs de Francfort, tout particulièrement, ont été envoyés à Buchenwald.

En 1944, les vétérans communistes allemands se souvenaient encore de la mortifère brutalité avec laquelle ces Juifs de Francfort ont été maltraités et assassinés, comme si de rien n'était, massivement ; les survivants ont été par la suite envoyés dans les camps d'extermination de l'Est.

La seconde période de présence juive à Buchenwald se situe en 1945, vers la fin de la guerre, plus précisément durant les mois de février et de mars. À ce moment-là, face à l'avancée de l'armée Rouge, des dizaines de milliers de survivants juifs des camps de l'Est ont été évacués vers l'Allemagne centrale par le commandement SS.

Des milliers de déportés décharnés, transportés dans des conditions inhumaines, en plein hiver, sont arrivés à Buchenwald depuis la lointaine Pologne. Beaucoup d'entre eux sont morts durant ce voyage interminable. Ceux qui ont réussi à atteindre Buchenwald, déjà surpeuplé, ont été installés dans les baraquements du *kleine Lager*, le camp de quarantaine, ou dans des tentes de campagne spécialement montées pour les accueillir de manière précaire.

Parmi ces milliers de Juifs qui à l'époque sont arrivés à Buchenwald et qui nous ont apporté une information directe, un témoignage vivant et sanglant du processus industriel, sauvagement rationalisé, d'extermination massive dans les chambres à gaz, il y avait beaucoup d'enfants et d'adolescents.

L'organisation clandestine antifasciste de Buchenwald a fait de son mieux pour venir en aide aux enfants et adolescents juifs survivants d'Auschwitz. Ce n'était pas grand-chose, mais c'était risqué : ce fut un geste important de solidarité, de fraternité.

Parmi ces adolescents juifs, il y avait Elie Wiesel, futur prix Nobel de la paix. Il y avait Imre Kertesz, futur prix Nobel de littérature.

Lorsque le président Barack Obama, il y a quelques mois, s'est rendu à Buchenwald, il était accompagné d'Elie Wiesel, aujourd'hui citoyen américain. On peut supposer qu'Elie Wiesel a profité de l'occasion pour faire part au président des États-Unis de l'expérience de ce passé ineffaçable, de son expérience personnelle d'adolescent juif à Buchenwald.

Quoi qu'il en soit, il me semble important que nous nous souvenions ici, en ce moment solennel, dans ce lieu historique, de l'expérience qui fut celle de ces enfants et adolescents juifs, survivants du camp d'Auschwitz, dernier cercle de l'enfer nazi. Que nous nous souvenions de ceux qui sont devenus célèbres, comme Kertesz et Wiesel, par leur talent littéraire et leur activité publique, comme de ceux qui sont restés de simples héros dans l'anonymat de l'Histoire.

En outre, ce n'est pas une mauvaise occasion pour souligner un fait qui se profile, inévitablement, à l'horizon de notre avenir.

Comme je l'ai déjà dit il y a cinq ans, au théâtre national de Weimar, « la mémoire la plus durable des camps nazis sera la mémoire juive. Et cette dernière ne se limite pas à l'expérience d'Auschwitz ou de Birkenau. C'est que, en janvier 1945, face à l'avancée de l'armée soviétique, des milliers de déportés juifs ont été évacués vers les camps de concentration d'Allemagne centrale.

Ainsi, dans la mémoire des enfants et des adolescents juifs qui seront sans doute encore vivants en 2015, il est possible que subsiste une image globale de l'Extermination, une réflexion universaliste. Cela est possible, je crois même que cela est souhaitable : c'est qu'il incombe à la mémoire juive une grande responsabilité... Les mémoires européennes de la résistance et de la souffrance n'auront, comme derniers refuge et rempart, dans dix ans, que la mémoire juive de l'Extermination. La mémoire la plus ancienne de cette autre vie, vu qu'elle a été, précisément, l'expérience des plus jeunes de la mort ».

Mais revenons un moment à la journée du 11 avril 1945. Revenons au moment où Egon W. Fleck et Edward A. Tenenbaum arrêtent leur Jeep à l'entrée de Buchenwald.

Sans doute, si j'avais quelques années de moins, je ferais des recherches historiques, je ferais une enquête romanesque sur ces deux personnages, enquête qui pourrait déboucher sur un livre à propos de ce 11 avril d'il y a plus d'un demi-siècle, un travail littéraire où fiction et réalité se soutiendraient et s'enrichiraient mutuellement.

Mais je n'ai plus le temps de me lancer dans pareille aventure.

Je me contenterai donc de rappeler certaines phrases du *Rapport préliminaire* que Fleck et Tenenbaum ont rédigé deux semaines après leur arrivée à Buchenwald, le 24 avril très exactement, à l'attention de leurs commandements militaires, document que l'on trouve dans les archives militaires américaines.

« Au bout de la route principale, écrivent les deux Américains, nous avons vu des milliers d'hommes, en haillons, apparemment affamés, marchant vers l'Est, en groupes disciplinés. Ces hommes étaient armés et étaient encadrés par des chefs. Quelques détachements avaient des fusils allemands. D'autres portaient sur l'épaule des "Panzerfausts". Ils riaient et manifestaient une joie furieuse tandis qu'ils marchaient... C'étaient les déportés de Buchenwald, en route vers le combat, alors que nos tanks les dépassaient à 50 km/heure... »

Ce *Rapport préliminaire* est important pour différentes raisons. En premier lieu, parce que les deux Américains, témoins impartiaux, confirment clairement la réalité de l'insurrection armée, organisée par la résistance antifasciste de Buchenwald, résistance qui a été sujet à polémique durant la guerre froide.

Le plus important, pourtant, à mes yeux du moins, d'un point de vue humain et littéraire, c'est un des mots qui est utilisé dans ce rapport : le mot allemand *Panzerfaust*.

Fleck et Tenenbaum, en effet, rédigent leur rapport en anglais, bien entendu. Mais lorsqu'ils se réfèrent à l'arme individuelle antichar, qui s'appelle *bazooka* dans presque toutes les langues du monde, en anglais en tout cas, ils ont recours au mot allemand.

Ce qui me permet de penser que Fleck et Tenenbaum sont issus de l'immigration allemande récente. Ce qui ouvre un nouveau chapitre de la recherche romanesque que j'aimerais faire.

Mais il y a une autre raison, plus personnelle, qui fait que le mot *Panzerfaust* est important à mes yeux, un mot qui, littéralement, signifie « poing antichar ». Et c'est que ce jour d'avril 1945, je me trouvais dans la colonne qui marchait vers Weimar, cette colonne d'hommes armés, furieusement joyeux. Je me trouvais parmi les porteurs de bazookas.

Le déporté 44904, portant sur la poitrine un triangle rouge avec un « S » marqué à l'encre noire, « S » comme *Spanier*, Espagnol, c'était moi, parmi les joyeux porteurs de bazookas ou *Panzerfausts*.

Aujourd'hui, tant d'années plus tard, dans ce lieu dramatique de l'*Appellplatz* de Buchenwald, sur la frontière ultime d'une vie de certitudes détruites, d'illusions maintenues contre vents et marées, permettez-moi de me souvenir sereinement et fraternellement de ce jeune porteur de bazooka de vingt-deux ans.

Je vous remercie pour votre attention.

*

* *

J.S. : Ce qui est formidable dans ce rapport Fleck, outre le fait que ce soit deux Juifs, c'est qu'ils font ce rapport préliminaire spontanément, sans que personne leur demande rien, ils insistent : « Nous avons vu des milliers de déportés en armes. » Or, la réalité de l'insurrection a été régulièrement mise en doute pendant la guerre froide. On l'a qualifiée d'invention des communistes allemands – lesquels avaient effectivement un peu exagéré en parlant de la libération de Buchenwald comme s'il n'y avait pas eu d'armée américaine, mais seulement la résistance intérieure. Certes, il faut être juste : matériellement, c'est l'armée américaine qui est arrivée à Buchenwald. Si elle n'avait pas été là, la résistance intérieure n'aurait pas pu réaliser tout cela.

Je me demande d'ailleurs ce que comprennent aujourd'hui les touristes qui visitent Buchenwald quand ils voient, au coin de la trace archéologique de la baraque des latrines, cette espèce de borne en pierre grise, ou noire, qui dit :

« Ici, le 11 avril 1945, le comité militaire antifasciste a donné l'ordre de l'insurrection. » Qui peut expliquer ce que ça signifie ? Personne ! Il n'y a plus de témoins. En fait, il faut rappeler que les latrines collectives, c'était le lieu le mieux protégé, un endroit où n'allaient jamais les SS... Donc, c'est effectivement à cet endroit que le comité militaire a donné l'ordre de l'insurrection, au moment où les haut-parleurs annonçaient une « *Feind Alarm* » (alerte à l'ennemi), en donnant l'ordre à la garnison de se replier. C'est là que le comité militaire a dit : « Allons-y ! »

Les combattants de ce dispositif militaire ne savaient pas qu'il y aurait des armes. Ils s'étaient entraînés, tous les dimanches après-midi pendant des années, à faire, en quelques minutes, le trajet de tel endroit à tel endroit pour finir devant la tour de contrôle et la prendre d'assaut. C'était l'objectif principal, mais ils ne savaient pas eux-mêmes qu'ils auraient des armes, parce que c'était un secret absolu. Et le 11 avril, quand ils se sont réunis à leur point de rappel, tout à coup, ils ont vu arriver d'autres déportés chargés d'armes, qui les leur ont distribuées. Eux, ils avaient été sélectionnés en fonction de leur expérience militaire ; il y avait beaucoup d'anciens combattants de la guerre d'Espagne, et aussi des anciens des guérillas urbaines de l'Allemagne des années 1930, quand il y avait eu beaucoup de bagarres entre nazis et communistes. Ils étaient donc préparés, mais croyaient qu'ils allaient monter à l'assaut avec bâtons et armes de fortune. Ils étaient prêts à le faire ; et ils trouvent des armes, non seulement en état de marche, mais des armes vraiment modernes – dont le fameux *Panzerfaust*.

Je ne savais pas non plus que nous serions armés. J'étais dans le secret de la résistance, des groupes et de l'entraînement et je savais que je devais faire partie d'une deuxième vague, mais j'ignorais que j'aurais un *Panzerfaust*. Alors, du coup, le rapport Fleck-Tenenbaum devient très romanesque à partir du moment où ce qu'il raconte est réel. Même dans ses imprécisions. Ainsi, ils ont écrit que nous étions des milliers. C'étaient plutôt quelques centaines, parce qu'ils exagèrent sous l'effet de l'émotion du témoignage, comme Homère dans *L'Iliade*. C'était déjà très beau qu'il y ait quelques centaines de déportés en armes. Mais dans leur description, ils deviennent lyriques en parlant de nos « regards », de notre « joie furieuse »...

F.A. : Ce qui me frappe, et c'est une question qu'on s'était posée en tournant *Le Temps du silence*, c'est l'état physique dans lequel vous étiez, parce que pour courir avec des armes, même dans une joie furieuse...

J.S. : La sélection des combattants avait aussi été faite en fonction de l'état physique de chacun. En outre, les derniers mois, l'organisation clandestine mettait de côté une ration de soupe supplémentaire pour les combattants, qu'il fallait distribuer bien sûr d'une façon discrète, parce que ça aurait, sinon, provoqué des heurts et des questions embarrassantes. Ces combattants étaient donc un peu mieux nourris que les autres.

Surtout, nous étions préparés. Nous savions que « ça » allait arriver, que les Alliés marchaient sur l'Allemagne. Nous étions au courant des nouvelles du monde heure par heure, grâce à une radio clandestine dans le camp même. À Buchenwald, on a appris la libération de Paris dans l'heure qui a suivi. Dans une joie contenue, bien sûr. Le seul signe visible que nous étions au courant fut que ce jour-là, pour monter à la place d'appel, les déportés français eurent un comportement étrange. Ils étaient les plus indisciplinés de tous ; même les Russes, complètement rebelles pour le reste, étaient très dociles et montaient ensemble en bloc ; une habitude de l'armée Rouge où on ne plaisantait pas avec la discipline. Les Français, eux, montaient chacun pour soi, pour faire l'appel là-haut ; il n'y avait pas moyen de les faire monter en ordre..., et le 25 août, tout à coup, à la grande surprise du camp tout entier, ils sont montés en rangs serrés, cinq par cinq, impeccables, au pas. Ils fêtaient bien évidemment la libération de Paris, mais si on ne le savait pas, on ne pouvait pas le deviner.

F.A. : Et les Allemands ? À ce moment-là, ils n'ont pas compris que les détenus étaient informés ?

J.S. : Bien sûr, les Allemands n'étaient pas dupes. Ils ont fait des perquisitions, des rafles, des fouilles systématiques. Mais ils n'ont jamais trouvé. Ils savaient aussi qu'il y avait des armes, puisqu'elles avaient disparu de leurs dépôts. Le jour où les Américains ont bombardé les installations militaires du camp, avec une précision formidable malgré les quelques dégâts collatéraux, les Allemands ont constaté que des armes lourdes, dont des mitrailleuses, avaient disparu. Ils ont bien compris que les déportés les avaient volées, mais, même en fouillant systématiquement tous les blocs tous les jours, ils n'ont jamais rien trouvé. Les cachettes étaient formidables.

C'était difficile à admettre de leur point de vue. Impossible pour le chef SS du camp d'envoyer à Berlin une note avouant que les déportés étaient armés. Cela aurait signifié un aller direct pour le front de l'Est, en représailles. Pour garder son confort de l'arrière, il valait mieux taire ce manquement. Les responsables du camp devaient donc forcément être au courant du vol, mais ils étaient impuissants. Ils auraient été accusés d'avoir paniqué, d'avoir abandonné leurs postes et perdu des fusils mitrailleurs, et ils auraient été punis. C'est un piège sournois. De la même manière, dans l'usine de production d'armes automatiques, la production était très basse et les statistiques allemandes montrent qu'en général près de 75 % des carabines s'enrayaient au bout de deux à trois semaines d'usage, parce qu'elles étaient sabotées. Mais comment avouer ce sabotage ? Ils auraient été fusillés.

Dans les années 1947-1948, on a fait un procès d'intention à Fleck et à Tenenbaum, en les accusant d'avoir inventé de toutes pièces cette histoire d'insurrection armée. Mais moi, je les ai vues, ces armes ! Je l'ai porté le *Panzerfaust*. Leur rapport n'a pas été publié, car, dans le contexte de la guerre froide qui venait de s'installer, il était délicat de vanter la discipline et le courage instaurés par une organisation clandestine communiste... Le rapport de Rosenberg sur le camp, qui est le meilleur rapport et le plus complet sur le sujet, a été enterré jusqu'en 1995 ! Parce que, jusque-là, on ne pouvait pas laisser dire, comme il le fait dans ses conclusions, que les communistes avaient joué un rôle essentiel à Buchenwald.

Finalement, quand je serai vieux, je pourrais être guide à Buchenwald... J'aurais une retraite assurée ! Je prendrai ma retraite à quatre-vingt-douze ans, pas à soixante-deux, comme guide là-bas.

*

* *

F.A. : Jorge, nous sommes à Biriatou, au Pays basque, à ta demande. Derrière nous, c'est l'Espagne, en bas la Bidassoa. Tu as souhaité venir tourner ici et inviter Carmen Claudìn. Est-ce que tu peux nous dire les raisons de ton choix géographique, et celles de la présence de Carmen ?

J.S. : Les raisons sont assez simples. Biriatou est lié à ma vie de plusieurs façons. D'abord, à la fin des années 1940, bien avant mon premier voyage clandestin en Espagne pour le compte du P.C. en 1953, je venais dans cette région tous les étés. J'y retrouvais des amis espagnols en exil, certains venant du Mexique, d'autres de France, qui se réunissaient dans ce Pays basque français pour être plus près de l'Espagne. Ils avaient pris l'habitude, deux ou trois fois par mois, de venir déjeuner à Biriatou, sur l'une des terrasses de restaurants qui dominent l'Espagne, celle de l'hôtel Bakea, aujourd'hui fermé et remplacé par « les Jardins de Bakea » un peu plus haut, où l'on retrouve la même atmosphère. De là ils regardaient leur pays, dont ils avaient été chassés. Ils parlaient de l'Espagne et se disaient l'un à l'autre, comme dans beaucoup d'exils : « L'an prochain à Madrid ! » Il y avait un sentiment d'immédiateté. Après tout, Franco n'allait pas durer, avoir l'audace de rester longtemps au pouvoir et de les empêcher, eux, de rentrer dans leur pays. La nostalgie de l'Espagne était incarnée par ces groupes d'exilés qui contemplaient leur pays de l'extérieur.

Il y a une deuxième raison. À cause de ce souvenir et de la proximité de l'Espagne, j'ai utilisé Biriatou comme plateau et comme lieu de réunion pour certaines personnes que je voulais interviewer dans mon film *Les Deux Mémoires*. C'était plus facile de tout localiser ici. Par exemple, certains avocats espagnols qui défendaient les prisonniers politiques ont traversé la frontière pour venir parler avec moi. Et puis Carmen Claudìn est également venue à Biriatou à l'occasion de ce tournage. Carmen est la fille de Fernando Claudìn, le dirigeant exclu du Parti communiste en même temps que moi, alias Federico Sánchez, en novembre 1964. Il était le principal dirigeant de ce groupe d'exclus des années 1960, après avoir été secrétaire général des Jeunesses communistes dans les années 1930 en Espagne. C'était une personnalité, un jeune dirigeant important. Santiago Carrillo, le célèbre dirigeant du parti (à la fois stalinien et non stalinien, car Carrillo est une personnalité assez complexe), était, quant à lui, dirigeant des Jeunesses socialistes. Juste avant la guerre civile, ces deux mouvements ont fusionné et sont devenus les « Jeunesses socialistes unifiées ». Cette organisation a joué un rôle fondamental pendant la guerre civile, en fournissant les cadres politiques et militaires de l'armée républicaine, de l'État républicain détruit en première instance par le soulèvement militaire et reconstruit pendant la guerre. Plus tard, cette organisation est naturellement devenue le vivier des cadres de la résistance antifranquiste. D'une certaine façon, Claudìn était l'un des plus anciens dirigeants du communisme espagnol encore en activité dans les années 1940. Et c'est avec lui, et sous sa direction, que j'ai participé à cette tentative de démocratisation et d'ouverture au monde du Parti communiste espagnol.

C'est à cause de cela que nous avons été exclus ensemble. Mon dernier voyage en Espagne a eu lieu en décembre 1962, pour régler des questions pratiques dans le parti. Quand je suis revenu à Paris, Carrillo m'a retiré des activités en Espagne. Mais mon dernier voyage aura été aussi pour apprendre que mon tout premier livre, *Le Grand Voyage*, allait être publié et que Sartre allait le faire paraître en feuilleton dans sa revue *Les Temps modernes*. Je suis donc passé de la politique à la littérature sans transition, ni gros problèmes d'ailleurs ; alors que pour Fernando Claudìn, l'exclusion a été dramatique. Il s'est retrouvé du jour au lendemain sans ressources, sans papiers d'aucune sorte, sans protection, et, comme le raconte Carmen dans *Les Deux Mémoires,* tous les amis et camarades qui lui tournent soudain le dos, le rejettent, le honnissent… C'était vraiment une expérience extraordinairement douloureuse. Il fallait avoir tout le courage et la ténacité qui le caractérisaient pour la supporter, y survivre, exister, écrire et mourir sans déroger à aucun des principes de vie qu'il s'était fixés. Carmen est un personnage important pour la mémoire, non seulement sur cette période de l'exclusion et de l'ostracisme, mais aussi pour son regard actuel sur cette époque disparue.

Des années plus tard, le hasard a voulu que je revienne dans le Pays basque français, à Biarritz, parce que j'y ai des amis ; et j'ai recommencé ce pèlerinage de Biriatou avec des motivations tout à fait différentes. Je suis même arrivé à écrire dans un livre, je crois que c'était dans *Adieu, vive clarté…*, que j'aimerais bien être enterré à Biriatou, parce que c'est un lieu de passage. Les amis qui viendraient d'Espagne en France diraient : « Tiens, on va aller lui dire bonjour, il est là-haut à Biriatou… » Et les amis qui passent de France en Espagne diraient la même chose. D'ailleurs, quand j'ai écrit ça, j'ai reçu une lettre d'une dame du conseil municipal pour m'offrir une concession dans le cimetière de Biriatou. J'y ai potentiellement ma tombe.

F.A. : C'est bien dans cette région qu'avec toute ta famille vous êtes arrivés en France ?

J.S. : Oui. Nous étions en vacances au Pays basque espagnol en juillet 1936. Un cinéaste espagnol a fait un film bien après, qui s'intitulait *Les Longues Vacances de 1936*, justement parce que la guerre les a bien prolongées pour certaines familles. Nous étions à Lequeitio, un petit village basque espagnol, quand la guerre a éclaté suite au coup de force militaire. Au départ, nous étions dans l'incertitude : il n'était pas clair que l'insurrection militaire ait gagné les principales villes ou non. Des nouvelles contradictoires arrivaient de Barcelone, de Madrid, et des autres villes importantes. Mon père prend alors sa voiture pour aller à Santander, ville qu'il connaissait parce qu'il avait été gouverneur civil de la République (l'équivalent d'un préfet) de cette province, et il y avait en plus des attaches familiales. C'est là qu'il prend part, à la radio de Santander, à un appel à lutter contre ce qui allait devenir le franquisme – à l'époque, on l'appelait seulement « l'insurrection militaire contre la République ».

Je me rappelle très bien le titre de sa conférence radiodiffusée : *El Norte contre el Fascioso,* le Nord, c'est-à-dire le Pays basque et Santander réunis contre les factieux, ou les fachos dirait-on peut-être aujourd'hui ? Il est revenu, puis la guerre a suivi son cours, l'avance franquiste a commencé à réduire comme une peau de chagrin le Pays basque. Nous avons quitté ce village de Lequeitio pour la ville de Bilbao où mon père avait des amis qui nous ont accueillis dans une villa du quartier maritime, *Las Arenas* ; et de là, il a décidé de quitter l'Espagne pour rentrer à Madrid par la Catalogne. Mais il fallait traverser le sud de la France, et en cours de route, grâce au groupe Esprit dont il était le correspondant, il a trouvé à se loger, pour nous et toute la famille, près de Genève. C'est là qu'il a repris contact avec les autorités espagnoles républicaines, à travers la Société des Nations basée à Genève. De là, il a été envoyé par le ministre socialiste des Affaires étrangères de la République comme chargé d'affaires à La Haye. Nous ne sommes jamais revenus à Madrid.

C'est le premier exil, l'arrivée à Bayonne sur un chalutier, la *Galerna* (ce qui signifie « l'orage »), la nuit, tous feux éteints, pour échapper aux bateaux de guerre franquistes qui patrouillaient afin d'empêcher ce genre de mouvements. Je me souviens très bien, à l'embouchure des deux rivières qui convergent à Bayonne, la Douvre et la Nive, de cette place avec un kiosque à musique – c'est là qu'accostaient les chalutiers. Et c'est là que nous avons vu, derrière une barrière de gendarmes, les estivants, curieux de voir débarquer ces « Rouges espagnols ». J'avais douze ans et demi, et je découvrais que nous étions des « Rouges », des « Rouges espagnols » – et les franquistes des « Nationaux ». C'est difficile à comprendre pour un enfant de cet âge. Alors qu'ils étaient composés de troupes italiennes et de la Légion Condor, autrement dit de l'aviation allemande, ils étaient les « Nationaux ». J'avais douze ans et je découvrais les mystères de la sémantique.

Le Pays basque… région de mon enfance. J'avais l'impression de bien connaître cette région de France, car c'était une tradition dans les familles bourgeoises qui passaient leurs vacances dans le nord de l'Espagne de venir une matinée, un après-midi ou deux à Biarritz. Biarritz, c'était un peu comme un lieu de pèlerinage pour les Espagnols et les Basques à l'époque de l'avant-guerre civile.

*

* *

F.A. : Jorge, nous sommes à présent au cœur de Madrid, dans le musée du Prado. C'est là que tu venais passer tes week-ends, enfant, puisque tu habitais tout près, avec tes frères, tes sœurs et ton père. C'est donc un lieu qui t'est particulièrement familier et j'aimerais que tu nous racontes cela, ainsi que les circonstances dans lesquelles tu es revenu au Prado.

J.S. : En fait je pense que je pourrais raconter ma vie, ou écrire mes Mémoires (chaque différente période, chaque épisode, chaque couche du mille-feuille), autour d'un certain nombre de musées. Ainsi, je pourrais raconter la fin de l'enfance et mon adolescence autour du musée de La Haye, le Mauritshuis, parce que je l'ai beaucoup visité à ce moment-là, et c'est de là que je garde le souvenir de *La Vue de Delft* de Vermeer. Je pourrais aussi raconter toute ma vie politique clandestine autour du musée de Prague, la Galerie nationale, ainsi qu'autour de certains musées de l'URSS, comme l'Ermitage de Saint-Pétersbourg, Petrograd ou Leningrad, ou encore la Galerie Tretiakov de Moscou.

Mais il y a surtout ce musée, qui m'accompagne d'un bout à l'autre de mon existence : le Prado. D'abord parce que j'ai passé mon enfance à deux cents mètres d'ici, dans une rue voisine, et que, tous les dimanches, mon père emmenait certains de ses fils – pas tous, trois ou quatre des frères aînés – visiter le Prado. Mais cette visite était sélective ; par exemple, nous n'avions pas le droit d'aller voir les nus féminins. Ce n'est donc que bien plus tard que j'ai vu la peinture de Rubens. Nous venions pour la peinture historique, la peinture religieuse, la peinture de Goya – mais pas les nus débordant de chair de Rubens, qui étaient censurés !

Plus tard, pendant ma période de clandestinité à Madrid, j'ai visité le Prado pratiquement tous les jours. C'était le lieu idéal. À l'époque, le Prado était beaucoup moins fréquenté qu'aujourd'hui et c'était un lieu parfait pour passer le temps entre deux rendez-vous secrets. La vie de clandestin n'est pas une vie de bureau mais de café, d'endroits où l'on tient des réunions plus ou moins longues ; on les quitte, et l'on a de nouveau deux à trois heures vides à meubler. Au Prado, je faisais semblant d'admirer la peinture, mais, pendant ce temps, c'était assez facile d'identifier ses suiveurs. C'était assez facile de s'immobiliser vingt-cinq minutes devant un tableau de Vélasquez et de s'assurer ainsi que personne ne nous avait suivis ; car un policier ne reste pas immobile, absorbé par sa contemplation devant un tableau : il fait des gestes qui le dénoncent.

Ce musée était un lieu calme où je pouvais penser à mon travail à venir, me remémorer les rendez-vous que j'avais pris. Car ils n'étaient jamais notés. Il m'arrivait d'en avoir en tête plusieurs dizaines pour des semaines à venir; il fallait donc les faire resurgir dans sa mémoire, et examiner lesquels pouvaient être dangereux. Parfois, par exemple, il s'agissait de rendez-vous avec des camarades avec lesquels je n'avais plus eu de contacts depuis trois ou quatre semaines, qui auraient peut-être pu être arrêtés. Et on ne sait jamais ce qui se passe pendant une arrestation. A-t-il parlé? A-t-il révélé cette rencontre avec un dirigeant dont il ne connaît même pas le véritable nom? On ne savait pas. Pour nous, il était vital de réfléchir à cette possibilité constante, permanente, d'être arrêtés et torturés. Mon expérience de la Gestapo m'aidait à m'y préparer.

Enfin, bien plus tard, lorsque j'ai été nommé ministre de la Culture, la visite du Prado m'est devenue une sorte d'obligation de service pendant trois ans. En effet, tout chef d'État ou de gouvernement en visite à Madrid avait droit à la visite officielle du musée. Selon son rang et son importance, il était parfois accompagné par le chef du gouvernement, par la reine ou par le roi lui-même… Mais dans tous les cas, c'était le ministre de la Culture qui servait de guide officiel. Ces visites officielles ont un itinéraire préétabli – j'ignore d'où il vient, une tradition certainement: on passe de Vélasquez à Goya, et de Goya au Greco… Les réactions des chefs d'État étaient parfois assez amusantes.

Au-delà de la seule peinture et de sa beauté, le Prado est lié pour moi à toute la richesse contradictoire de mes différentes existences, à ces choses parfois difficiles à formuler qui ont fait le quotidien de ma clandestinité ou de ma vie de ministre. Si je racontais ma vie, de l'enfance à l'époque du ministère, l'ordre de mon récit serait certainement un peu chaotique, comme dans la mémoire réelle, mais ce qui est sûr, c'est que le Prado serait au cœur de cette histoire.

Je m'y tiens aujourd'hui comme au centre de mon passé, de ma mémoire, de mon existence.

*

* *

F.A. : Aujourd'hui, nous sommes dans ton appartement, au cœur de Saint-Germain-des-Prés. Est-ce à Paris que tu es vraiment chez toi ?

J.S. : Il m'est arrivé d'écrire que, pour me sentir chez moi, il me suffisait d'une ville si possible traversée par un fleuve, avec quelques cafés, des musées, des bibliothèques, des antiquaires. Eh bien, à Paris, ici, je suis chez moi. Ce quartier est rempli de librairies, la Seine est à cent mètres, le musée d'Orsay à cinquante, le café de Flore est à quatre cents : je suis vraiment à la maison, dans le sens de ce que j'avais écrit et pensé. C'est aussi parce que j'ai tout de même vécu à Paris la plus grande part de ma vie : malgré les voyages, la longue clandestinité en Espagne, malgré mes retours fréquents en Espagne aujourd'hui, c'est ici que j'ai décidé de vivre.

Mais c'est un chez-moi un peu paradoxal… Car il suffit d'un séjour de quelques jours en Espagne pour que me reviennent des habitudes, des réflexes, des nourritures, des paysages, des musées – et pour que je me dise : pourquoi est-ce que je ne vis pas à Madrid, ou à Barcelone ? En général, je suis un homme urbain plutôt que de la campagne. Dès que j'y retourne, je retrouve mes racines espagnoles.

Mais d'une certaine façon, mes racines d'écrivain sont ici, en France, de même que mes racines d'« homme politique » : ma Résistance a commencé par des contacts au lycée parisien Henri-IV, près de la place du Panthéon, et par la première manifestation des étudiants le 11 novembre 1940, place de l'Étoile, pour protester contre l'occupation allemande.

Tout cela est donc lié à une activité typiquement parisienne et lycéenne, ce qui fait qu'à partir de la guerre tout me ramène ici. Étrangement, il faut même que je fasse un effort pour retrouver les images et les souvenirs précis de ma mémoire enfantine, comme si elle n'avait commencé qu'à douze-treize ans, c'est-à-dire au moment de l'exil. Bien sûr, je conserve une mémoire de ce que j'ai vécu auparavant, et je peux évoquer beaucoup de choses de mon enfance. Celle-ci a été relativement facile et heureuse, bien que traversée par des événements dramatiques : grèves générales, changements de régime, naissance de la république, insurrection ouvrière des Asturies, et finalement la guerre civile... Mon enfance est remplie d'images heureuses, avec une mère très jeune, belle et aimante. Pourtant, spontanément, j'ai parfois l'impression que mes souvenirs commencent en 1939, à mon arrivée en France, et à mon inscription à l'internat du lycée Henri-IV.

F.A. : Est-ce pour cela que dans *Adieu, vive clarté...*, où tu évoques cette période, tu situes le centre du monde place du Panthéon ? Est-ce toujours le cas pour toi ?

J.S. : Oui. Quand j'étais jeune, j'étais grand lecteur de Giraudoux, qui écrit dans son roman *Les Aventures de Jérôme Bardini* que le centre du monde, c'est le carrefour Vavin à Montparnasse. Je trouve ça très beau. Pour moi, c'est la place du Panthéon. D'abord parce que le lycée Henri-IV s'y trouve ; ensuite parce qu'on y voit ce temple républicain où figure la devise : « Aux grands hommes, la patrie reconnaissante ». Et, à partir de là, les rues dévalent vers la Seine, les cinémas de quartier, le boulevard Saint-Michel

– vers la vie… C'est encore un endroit où je retourne de temps en temps, parce que j'ai à faire à Henri-IV, pour les générations successives de fils et de petits-fils qui y ont fait leurs études. J'ai un rapport familial avec le proviseur de ce lycée.

Et puis, c'est à cette époque et dans ce quartier que s'est produit un épisode marquant pour ce que je suis devenu par la suite. C'était boulevard Saint-Michel, un jour de sortie, alors que j'étais interne au lycée. J'ai acheté dans une boulangerie, au coin de la rue de l'École de Médecine (aujourd'hui, je crois que c'est un magasin de vêtements : classique évolution du commerce dans ce quartier), un croissant, peut-être un petit pain, enfin qu'importe… Et la boulangère ne m'a pas compris. Il faut dire que je venais d'arriver, je ne connaissais pas bien encore le français ; je savais le lire, bien sûr, mais pas vraiment le parler, l'écrire encore moins. J'ai donc dit n'importe quoi. Elle n'a pas compris, m'a fait répéter en vain. À la fin, elle a pris conscience que j'étais étranger et s'est exclamée : « Ah ! Cet accent ! C'est un Rouge espagnol de l'armée en déroute ! »

Plus tard, quand j'ai publié le livre où se trouvait cette anecdote, j'ai reçu des lettres très touchantes de gens qui disaient : « Mais on connaît cette boulangère ; ça nous étonne qu'elle ait dit ça, car c'est une femme très bien. » Oui, sûrement. Une femme très bien peut tout à fait avoir une réaction épidermique de ce type. Elle a réagi par rapport à l'accent, et elle m'a immédiatement classé parmi les Rouges espagnols de l'armée en déroute. Alors, si « l'armée en déroute » m'avait beaucoup vexé, « Rouge espagnol », en revanche, je l'ai accepté. De ce moment, partout, j'ai été un Rouge espagnol. J'ai eu la chance, d'une certaine façon, qu'à Buchenwald les Espagnols soient classés comme *rote Spanier* ; ainsi, le qualificatif de la boulangère m'a poursuivi et accompagné pendant toute une partie de ma vie.

F.A. : Ce même jour, en sortant de cette boulangerie sous la pluie, à seize ans, complètement désemparé, humilié, un peu pétrifié, tu vois à la une d'un journal que Madrid vient de tomber…

J.S. : C'est justement ce détail qui me permet de dater l'événement. J'ai vu, accrochée à un arbre, la une de *Ce Soir*, un journal de gauche, qui proclamait : « La chute de Madrid ». Le même jour, j'avais été repoussé en tant que « Rouge espagnol », et la guerre était perdue… Il y avait une espèce de corrélation émotionnelle très forte entre la phrase de la boulangère et cette nouvelle objective, placardée sur un journal tout abîmé de pluie.

C'est le souvenir, très fort pour moi, de la fin d'une époque, la fin de l'Espagne. C'est aussi le moment où j'ai pris la décision d'en finir avec cet accent, pour que l'on ne puisse pas reconnaître l'étranger en l'écoutant parler ; afin que ma qualité d'étranger soit une vertu intime, et non une qualité étalée à la face du monde.

F.A. : En dehors du *Grand Voyage*, que tu as écrit dans les circonstances que l'on connaît, est-ce, ici, le lieu où tu travailles ? Est-ce là ta tanière, là où tu as écrit la majorité de tes livres ?

J.S. : C'est une manie et peut-être du snobisme, mais j'ai toujours vécu Rive gauche, dans ce quartier, plus ou moins loin du café de Flore. Depuis 1996, cet appartement est le lieu où je travaille, où je construis les brouillons de mes livres ; simplement, je ne les y termine jamais. Quand je sens que le texte est presque achevé, mûr pour le dernier et indispensable travail de polissage, je m'en vais m'enfermer dans une maison à la campagne, près de Nemours, où le téléphone ne me dérangera pas, où il n'y a ni vie sociale, ni cafés, ni musées, ni bibliothèques, où je suis donc obligé de travailler mes quatorze heures par jour.

F.A. : Mais tu n'es pas, à la manière de Jean-Paul Sartre, quelqu'un qui va écrire dans les bistrots, au Flore, ou ailleurs ?

J.S. : Il faut rappeler une chose qu'on oublie souvent de dire : le Flore, c'était le café le mieux chauffé du quartier pendant l'Occupation !

La réputation de ce café n'est pas seulement venue du fait que Sartre et Beauvoir y passaient du temps, même si cela lui a bien sûr donné un caractère exceptionnel ; mais aussi du fait qu'il était plus confortable que les autres. Boubal, un Auvergnat intelligent, avait installé un grand poêle au milieu de la salle. Et sachant que certains de ses clients qui saluaient Sartre allaient peut-être devenir célèbres, il permettait que l'on passe une partie de la journée devant un seul café, sans exiger que l'on renouvelle la consommation. On pouvait s'y tenir comme ça, au chaud, pendant des heures.

C'est pour ces deux raisons à la fois que je fréquentais le Flore : le confort, et le rayonnement de Sartre. Même s'il n'était pas encore connu comme il l'a été après la Libération, il était déjà l'auteur de *L'Être et le Néant* en 1943 ; un livre considérable, difficile, mais que nous, étudiants de philo, nous avons immédiatement lu. Sartre était l'homme qui avait fait jouer sous l'Occupation *Les Mouches*, au théâtre du Châtelet si je me souviens bien. Nous y étions allés en bande, parce que quelqu'un nous avait dit que c'était une pièce sur la liberté.

Le Flore était un lieu symbolique et un point de rendez-vous habituel pour nous qui étions en philo à Henri-IV ou à Louis-le-Grand, puis dans les classes préparatoires d'hypokhâgne et de khâgne. C'est cette ambiance qui m'a maintenu Rive gauche depuis toujours. Quand nous avions dix-sept ans, avant que la Résistance n'ait entraîné la plupart des groupes de mon entourage vers l'action réellement militante et militaire, notre vie se passait là. Nous voyions les choses d'une façon un peu simpliste : la Rive droite, c'était la bourgeoisie, une autre vie, la richesse, les conventions, etc. La bohème intellectuelle et l'esprit de création, c'était ici, Rive gauche. Évidemment au centre de cet univers, il y avait le café de Flore, où l'on pouvait discuter pendant des heures de grandes questions divines et humaines.

Et puis il y a ces lieux de mémoire littéraire que sont les librairies. La Hune correspond par exemple à un endroit qui était après la guerre un mess d'officiers, quand l'un des frères Gheebrant l'y a installée. Il y avait aussi la librairie Gallimard qui s'appelait Le Divan, anciennement Martineau, au coin de la place Saint-Germain et de la rue Bonaparte. Tout cela ne fait pas seulement partie du folklore, de la mémoire ; ce sont surtout les véritables endroits où se sont élaborées des idées importantes, où des livres décisifs ont été trouvés puis lus. Cela reste pour moi à la fois charmant et significatif, un peu mélancolique, de franchir encore une fois le seuil de telle librairie du quartier, ou du Flore, où je vais encore tous les dimanches de ma vie quand je suis à Paris. Ce n'est d'ailleurs pas nécessairement lié à l'écriture : c'est plutôt une sorte de mythologie personnelle de la mémoire. En fait, on peut écrire n'importe où : c'est toujours aussi difficile d'écrire, quel que soit le lieu. Il s'agit donc moins d'un confort concernant le travail d'écriture que d'un genre de vie, et d'un rapport permanent entre le monde et soi.

Enfin, bien que la fréquentation du Flore ait un lien avec mon engagement politique dans la Résistance, le déclencheur y est extérieur : ce déclencheur, c'est l'arrivée à Paris en 1942, en provenance de Lyon, de Michel Herr. Plus âgé que moi, normalien (« archicube » dans le jargon de Normale Sup), il préparait l'agrégation de philosophie. C'était le fils de Lucien Herr, qui était un personnage considérable : bibliothécaire de l'École normale supérieure, il avait entraîné Blum, Gide et beaucoup d'autres dans l'affaire Dreyfus. Son fils Michel a provoqué chez moi le passage de l'engagement spirituel et intellectuel à l'action concrète et pratique. C'est lui qui m'a mis en contact avec le M.O.I., le « Mouvement de la Main-d'Œuvre Immigrée », c'est-à-dire l'organisme du Parti communiste français chargé du contact de l'organisation des communistes étrangers. C'est avec le M.O.I. que nous avons commencé à participer activement à la Résistance ; et c'est avec son autorisation que nous avons rejoint le réseau « Jean Marie Action », qui travaillait surtout dans le centre de la France.

Michel Herr est donc la personne qui a provoqué cette cristallisation, et mon passage « des armes de la critique à la critique des armes » – soyons pédants pour une fois, citons Marx. On en revient tout de même à la Rive gauche – même si mon ami venait de Lyon, parce qu'il y avait passé une partie de la guerre.

Je sais bien que la Rive gauche n'est aujourd'hui plus du tout à la mode chez les jeunes, qui lui préfèrent Oberkampf et ses environs ; mais lorsque je parle de la Rive droite en pensant à mon époque étudiante, je ne pense ni au XVIIIe arrondissement, ni à Bastille, ni à République, ni à aucun de ces nouveaux quartiers branchés. La Rive droite de mon souvenir, c'est une Rive droite très limitée, très circonscrite, celle des Champs-Élysées et du VIIIe arrondissement.

III

La force de la culture

F.A. : Pourquoi as-tu réalisé le film *Les Deux Mémoires* ? Comment t'en est venue l'idée ?

J.S. : Ce film m'est venu de ma fréquentation de l'Espagne franquiste lorsque j'étais clandestin à Madrid. À force de fréquenter tous ces jeunes gens, ces intellectuels, ces cinéastes – comme Juan Antonio Bardem, Luis Garcia Berlanga et d'autres –, j'en étais arrivé à la conviction que l'un des problèmes majeurs pour l'Espagne du début des années 1970 serait celui de la mémoire – et ce quelle que soit encore la durée du régime franquiste. Cette guerre civile avait été tellement sanglante, tellement longue, elle avait tant divisé les familles, que rien ne s'effacerait facilement.

J'ai réalisé ce film en 1973, soit deux ans avant la mort de Franco. La production avait sollicité une autorisation de tournage pour un pseudo-documentaire sur l'Espagne et l'Europe ; c'est avec cette fausse autorisation qu'on a eu le droit de tourner.

Comme l'exprime bien le titre du film, le propos était d'évoquer les deux versants de la mémoire de la guerre civile. Ainsi, il y a une scène avec un chanteur de flamenco, José Menese, d'origine très pauvre, comme souvent les chanteurs de flamenco à l'époque, devenu ensuite très célèbre. Après avoir chanté l'un de ses airs les plus connus, il raconte ses origines dans une famille paysanne et la répression franquiste. C'est le sens de la mémoire des vaincus.

La mémoire des vainqueurs, elle, était incarnée par quelques personnages en rupture. Par exemple, cet ancien dirigeant phalangiste qui m'a permis d'utiliser des photos de son album. On le voit faire le salut hitlérien aux côtés de M. et Mme Franco. Dans le film, il prend ses distances et critique ouvertement le régime, alors que Franco est encore au pouvoir. C'est un personnage extraordinaire. Il y a aussi ces passages avec l'historien anglais Yann Gibson, qui a fait un travail d'investigation sur l'assassinat de Lorca à Grenade en 1936.

La question de la mémoire se posait comme l'un des enjeux fondamentaux de la transition vers la démocratie – quelle que soit la forme que celle-ci prendrait, ce qui était évidemment difficile à prévoir en 1970-1972. J'ai essayé de prendre un peu d'avance, à l'aide d'une analyse cinématographique et avec des intervenants qui soient des témoins des deux bords. J'étais sûr qu'il était intéressant de travailler sur ces deux mémoires : d'une part la mémoire républicaine, de l'exil, des antifranquistes militants, celle des vaincus ; et d'autre part, la mémoire de ceux qui avaient cru à un moment que le franquisme, peut-être, aurait pu être le vecteur d'une pacification de l'Espagne, d'un essor économique, d'une période de paix civile… et qui, d'une façon ou d'une autre, avaient été déçus par ce régime. Il me semblait que ces deux mémoires étaient aussi intéressantes à enregistrer pour l'avenir.

F.A. : À l'époque, tu avais une certaine expérience du cinéma : tu avais déjà écrit *La guerre est finie*, *Z* et *L'Aveu*, non ?

J.S. : C'est précisément parce que j'avais travaillé avec des cinéastes que j'avais choisi l'image plutôt que l'écriture. Sur le tournage de *L'Aveu*, j'ai rencontré Alain Corneau, alors premier assistant de Costa-Gavras. Nous avons sympathisé et il a accepté d'être assistant sur le tournage de mon film. Enfin, assistant, c'est une image, car il a tout fait ! Directeur de production, assistant, régisseur, chauffeur automobile – tout ! Sans lui, je n'aurais sans doute pas pu finir le film.

Les Deux Mémoires s'inscrit dans mon expérience de scénariste, et non de réalisateur. Je me suis dit que j'allais faire un film qui ne serait pas un film d'acteurs, ce que je n'aurais jamais osé, mais un film d'interviews. Deux extraits m'ont tout particulièrement marqué : un extrait d'interview avec Carmen Claudìn ; et un autre avec José Martin Altaro, un jeune diplomate espagnol, fils de ministre des Affaires étrangères, ancien franquiste qui a rompu avec sa famille, avec le régime et avec son père. Il vit à Londres, s'est fiancé avec Luci Durán, la fille de Gustavo Durán qui était musicologue, écrivain, poète, ami de Buñuel, de Dali, des surréalistes de Madrid, communiste, et qui était devenu l'un des chefs de l'armée républicaine durant la guerre civile. Il est l'un des personnages principaux du livre de Malraux *L'Espoir*, où il apparaît sous le pseudonyme de Manuel. Mais l'histoire racontée dans le roman est tout à fait proche de l'histoire véritable. Il y a dans le film une scène filmée à Londres, où l'on voit ce couple extraordinaire qui incarne à sa façon les deux mémoires de la guerre d'Espagne : c'est la deuxième génération, le fils du ministre franquiste et la fille du général républicain.

Dans cette réflexion cinématographique sur la mémoire, j'ai aussi cité *La guerre est finie*, mon premier film écrit pour Alain Resnais. On y trouve une longue tirade sur l'Espagne du milieu des années 1960 et sur le mythe de la guerre civile. J'ai demandé à Montand de reprendre la fin de cette tirade en 1973, avant de m'interviewer et de me demander pourquoi j'avais fait *Les Deux Mémoires*. Aujourd'hui, quarante ans plus tard, je m'aperçois que je ferais les mêmes réponses qu'à l'époque. Je crois que c'est un film que j'ai écrit et réalisé pour sortir du discours de ma propre mémoire, des récits que j'avais entendu tenir d'un côté ou de l'autre, dans le Parti communiste surtout, par les vieux militants.

Casser ce récit et écouter les autres, c'était cela l'essentiel. Évidemment, on sait aujourd'hui qu'au moment du tournage il restait encore à vivre deux longues années de franquisme, et à opérer la transition démocratique et pacifique à travers la forme monarchique, qui a été la forme la plus convenable pour défendre l'intérêt général de l'Espagne. Il s'est passé depuis bien des choses : la démocratie s'est consolidée, les deux mémoires sont de nouveau en activité, et de nouveaux problèmes ont vu le jour.

Aujourd'hui, si je refaisais un film sur le même thème, les questions et les réponses des témoins seraient différentes, bien entendu. Mais je maintiendrais l'essentiel, c'est-à-dire cette volonté délibérée de briser le discours ambiant et d'écouter ce que tous ont à dire : les anarchistes, les gens du POUM[1], les simples Espagnols qui n'ont pas d'opinions politiques arrêtées…

F.A. : Carmen Claudìn, aujourd'hui politologue à Barcelone, a participé au tournage des *Deux Mémoires*.

J.S. : En effet, Carmen est l'une des personnes avec lesquelles je suis le plus à l'aise, entre ironie et critique, pour évoquer le passé et aussi parler d'avenir sans nostalgie ni complaisance. À la vieille époque de notre activité commu-

1. POUM : Parti ouvrier d'unification marxiste créé en 1935. Dissident du Komintern, il est réprimé par le Parti communiste espagnol à partir de 1937.

niste, il y avait une rubrique récurrente des journaux des partis : « Bilan et perspectives ». Laissons les perspectives de côté, il n'y en a pas ! Avec Carmen, nous avons souvent évoqué le bilan de cette expérience du combat dans et contre l'Espagne franquiste. Certes, elle n'a pas abouti au renversement du régime, mais cet héroïsme, ces sacrifices, cette dure loi de la lutte clandestine, cette bataille continuelle dans la vie politique espagnole : à quoi cela a-t-il servi ?

La politique du P.C. espagnol après 1956, c'est-à-dire après le XXe congrès du PCUS, et la dénonciation par les Soviétiques eux-mêmes des crimes de Staline, a indirectement joué un rôle pour faciliter la transition pacifique en Espagne. La grande surprise, non seulement pour les Espagnols, mais pour tous les Européens de gauche, aura été l'émergence au premier plan du parti socialiste aux premières élections libres, alors que tout le monde imaginait, ou supposait, que le parti communiste incarnerait logiquement la gauche démocratique.

Il fallait vraiment s'aveugler sur soi-même, comme l'ont fait les dirigeants communistes à ce moment-là, pour ne pas comprendre que l'Espagne avait choisi de se tourner démocratiquement vers l'avenir. Pour l'Espagne quand elle a pu voter librement, le P.C., même héroïque, c'était le passé – et un passé très conflictuel, fait de luttes, d'engagement militaire et de sectarisme.

*

* *

F.A. : Nous avons vu comment tu as commencé ta carrière de cinéaste avec Resnais et ce film fondateur qui devait n'être « ni politique ni sur l'Espagne », *La guerre est finie.* Mais ensuite, comment tous tes films se sont-ils enchaînés ?

J.S. : Dans ma carrière d'homme de cinéma jouent un rôle déterminant le couple Signoret-Montand et leur maison de campagne à Autheuil, dans l'Eure, où se retrouvait beaucoup de monde. J'y ai connu Costa-Gavras qui venait d'être le premier assistant de René Clément pour un film sur la Résistance où Simone avait tourné, *Le Jour et l'Heure*, en 1963. Quand, après son premier film, *Compartiment Tueurs*, il a eu l'idée de faire *Z* à partir du roman-reportage de Vassilikos, il m'a demandé tout naturellement, puisque nous étions copains, de travailler avec lui.

F.A. : Il t'a demandé cela parce que tu étais l'auteur que tu étais, ou parce que tu avais déjà travaillé avec Resnais ?

J.S. : Parce que j'étais l'auteur, l'écrivain de Resnais. Parce que nous avions beaucoup discuté les problèmes politiques, historiques de la Grèce, qui d'une certaine façon faisaient écho à ceux de l'Espagne. Lui était un émigré grec, Montand un émigré italien, et moi un émigré espagnol ; il y avait une espèce de complicité fraternelle qui a fait que les projets se sont enchaînés. Avec Costa, nous avons fait trois films : *Z*, *L'Aveu* et *Section spéciale*.

F.A. : Comment un communiste exclu du Parti a-t-il vécu la projection de *L'Aveu* à Moscou ?

J.S. : Pour un exclu du P.C., c'était étrange. Mais nous étions à l'époque de Gorbatchev. C'était le Moscou de la perestroïka et de la glasnost, c'est-à-dire la transparence, la remise en place du passé et la démocratisation de la vie soviétique. Avant, il aurait été impossible de montrer le film. Plusieurs milliers de personnes sont venues à la projection, c'était la première fois qu'un public soviétique aussi large voyait ce film. C'était impressionnant parce que nous, à l'Ouest, en France, nous avions déjà effectué un chemin critique de rupture et d'autocritique, très fort et très long ; mais l'Union soviétique commençait à peine ce travail de mémoire. Et quand la projection s'est terminée et que la salle s'est rallumée, nous avons vu trois mille Russes pleurer. Toute la salle pleurait d'avoir vu, même transposé, même maladroitement, le passé du stalinisme, son propre passé, à l'écran.

F.A. : Parmi tes souvenirs de cinéma, il y en a un très particulier : ton expérience de membre du jury au Festival de Cannes en 1984.

J.S. : Oui, cette année-là, le jury était présidé par un acteur formidable, Dirk Bogarde, qui avait joué dans *The Servant* de Joseph Losey. Il y avait aussi Isabelle Huppert. Nous avions donné le prix à *Paris Texas,* un très beau film de Wim Wenders. Ce souvenir de cinéma est cependant un souvenir de travail, parce qu'on travaille beaucoup quand on regarde sérieusement les films. J'ai en mémoire des discussions parfois âpres, où chacun voulait défendre ce qu'il aimait : il a fallu un travail intense pour obtenir une vraie synthèse des points de vue.

F.A. : En tant qu'écrivain, tu as essentiellement témoigné de Buchenwald et de ta vie de militant du P.C.E. Ton œuvre littéraire laisse une empreinte considérable. As-tu le sentiment de laisser une trace comparable à travers le cinéma ?

J.S. : Je considère qu'un film réussi, au moins dans l'alchimie du rapport entre acteurs, metteur en scène et sujet, peut avoir beaucoup plus d'impact qu'un livre. Mais peut-être dure-t-il moins longtemps. Je me souviendrai toujours de mon expérience avec Costa-Gavras pour *Z*. Écrit avant

1968 et la révolte de Mai, pas une virgule n'a été ajoutée après. Mais avant cette époque, ce genre de film directement politique, dont la matière était la politique ou l'histoire, n'était pas vraiment apprécié. Le film a été produit par miracle, et presque par hasard, parce que Jacques Perrin, enthousiasmé par le projet, s'en est fait le producteur. Les producteurs français habituels n'en voulaient pas. Après, on nous a demandé de refaire *Z*, bien entendu. En fait, Mai 68 a engendré un public pour ce genre de film.

Je suis absolument persuadé que ce genre de film n'aurait pas eu le même succès, le même impact et la même influence dans le monde s'il était sorti sur les écrans avant 68. Parce que la révolte étudiante de Paris a coïncidé avec les révoltes étudiantes dans le monde entier, sur les campus américains, partout. Si l'on ajoute encore le Printemps de Prague, on constate que c'était vraiment une époque de fracture. Et cette fracture a créé un public intéressé par la politique, par l'histoire immédiate.

C'est pourquoi je pense qu'un livre ne peut pas avoir autant d'impact, même s'il marche bien et réunit un large lectorat. L'empreinte que laisse l'image est tout de même plus forte que celle d'un livre. C'est la raison pour laquelle j'ai maintenant accepté de travailler pour la télévision. J'avais déjà fait avec Yves Boisset *L'Affaire Dreyfus* ; et je viens de finir avec toi deux films, *Ah, c'était ça la vie* ! et *Le Temps du silence*. Pour moi, la télévision est une manière de toucher un plus vaste public et de parvenir ainsi à cette empreinte élargie. C'est un remarquable moyen d'expression et de communication. Je ne sais pas si on tire tout le profit que l'on pourrait tirer de la forme télévisuelle pour aborder certains sujets. Dans certains pays, on le fait mieux que dans d'autres : la France est un pays un peu timoré pour aborder les sujets un peu difficiles. Les téléfilms sur la guerre d'Algérie ne courent pas les rues, alors qu'en Amérique, ceux sur la guerre du Vietnam ou sur la guerre d'Irak sont récurrents. Et non seulement des téléfilms, mais aussi des grands films de cinéma.

Ce sont bien sûr des différences de culture nationale.

F.A. : Est-ce que tu as vu dans ton travail de scénariste une différence entre travailler pour le cinéma et travailler pour la télévision de fiction ?

J.S. : Personnellement non ! Peut-être que le rapport avec les acteurs n'est pas le même : il est plus immédiat et plus déterminant dans le cinéma, parce qu'on conçoit en général un film pour tel ou tel acteur, et ce n'est évidemment pas la même chose que d'écrire dans l'absolu. Mais pour moi, au fond, la différence n'est pas considérable.

Il faut prendre la mesure du potentiel de la télévision : écrire pour la télévision, c'est écrire pour des centaines de milliers de spectateurs le même soir. Des centaines de milliers de lecteurs pour un livre, c'est plus rare… Mais ce n'est pas seulement une question de chiffre. C'est que l'impression qu'on peut produire, les enseignements que l'on peut tirer d'un film sont tout à fait différents, et je trouve que c'est très stimulant.

F.A. : Pourquoi as-tu choisi Gallimard pour te publier ?

J.S. : Choisir, c'est peut-être un grand mot, parce que j'ai plutôt été choisi par Gallimard… Ça correspondait complètement à mon rêve. Quand Jean-Marie Soutou m'a guidé dans mes premières lectures, il se trouve que tous les livres qui m'ont définitivement fait tomber amoureux de la langue française étaient publiés par Gallimard et la NRF. Pour moi, ce sigle noir de la NRF était un peu le cachet de *la* littérature. C'étaient Gide, Malraux, Louis Guilloux, c'étaient même les auteurs étrangers traduits en français comme Hemingway, Faulkner, etc. Ils étaient tous chez Gallimard.

Le hasard a voulu que *Le Grand Voyage,* mon premier livre, soit publié par Gallimard. Il m'a pour ainsi dire presque été arraché ! Monique Lange est celle qui a lu la première ce manuscrit que j'avais commencé à écrire à Madrid, dans la clandestinité. Claude Roy l'a lu ensuite. J'ai connu trois générations de Gallimard. Quand j'ai publié ce premier livre ici, Gaston Gallimard, le grand Gaston, le fondateur de l'entreprise familiale, était encore là. Il ne gouvernait plus la maison d'édition, mais il régnait comme un patriarche ; et je me souviens très bien qu'il était intrigué par mon livre. Il se demandait si c'était un livre unique, exceptionnel, le témoignage d'un retour des camps, ou s'il allait y en avoir d'autres ensuite.

Et puis il y a eu Claude Gallimard, le fils, avec lequel j'ai travaillé pendant des années, et puis, pour des raisons tout à fait banales et bêtes, nous nous sommes un peu brouillés – et j'ai quitté la maison. C'est Antoine, la troisième génération, qui m'a reconquis. Pour moi, l'histoire de mes livres est complètement liée à Gallimard. Au départ, pour l'amour de ce sigle noir de la NRF, et ensuite trois générations de rapports avec la famille Gallimard. J'y suis chez moi.

F.A. : Ce premier roman, *Le Grand Voyage*, a eu le prix Formentor.

J.S. : Ah oui, le prix Formentor ! C'était un prix international, décerné par douze éditeurs du monde entier. Il y avait des Européens, des Américains du Nord et du Sud… Ce prix garantissait d'emblée douze traductions, douze langues, douze éditions, ce qui n'existe plus aujourd'hui.

Son nom lui venait du lieu sur les îles Baléares où il avait été créé. Il a été chassé d'Espagne sous la dictature franquiste parce que l'un des éditeurs, la maison italienne Einaudi, avait publié l'apologie de la résistance antifranquiste. L'année où je l'ai eu, en 1963, il avait été attribué à Corfou, en Grèce.

Il y a eu un événement particulier à cette occasion. *Le Grand Voyage* avait été interdit par la censure franquiste : l'éditeur espagnol, Carlos Barral des éditions du même nom, l'un des cofondateurs du prix, avait donc dû faire imprimer le livre au Mexique. Mais cette édition mexicaine n'a pas été prête à temps pour la remise du prix. Carlos Barral m'a donc donné un simulacre de livre, avec une couverture toute bien imprimée, mais avec un contenu vierge. C'est peut-être le plus bel exemplaire de prix que j'aie, parce qu'on peut rêver ; ce livre vierge, je peux le réécrire tout le temps. Je l'ai encore, avec la jaquette, l'annonce du prix Formentor et les pages blanches. Il n'a vraiment été publié que bien plus tard.

F.A. : *Le Grand Voyage*, c'est le début d'une œuvre littéraire. Tu as expliqué avoir attendu dix-sept ans pour l'écrire enfin. Le deuxième ouvrage t'a pris quatre ans. Pourquoi ce laps de temps entre les deux livres ?

J.S. : Tout d'abord, pour une raison simple : j'écris beaucoup, mais je publie peu. Beaucoup de mes projets ne dépassent pas le stade du brouillon. *L'Évanouissement*, mon deuxième livre, était presque déjà écrit pendant la rédaction du *Grand Voyage*, parce que c'était un livre que je ne pensais pas publier. Un nouvel épisode, en quelque sorte, dans la saga de ma mémoire. Si j'ai mis quatre ans à publier cette suite, c'est plutôt pour des raisons de paresse ou d'incertitude.

F.A. : Tu as dit un jour : « Je ne suis ni espagnol, ni français, ni écrivain, je suis un ancien déporté de Buchenwald. » Peux-tu expliciter ? Est-ce une identité en soi d'être un ancien déporté de Buchenwald ?

J.S. : Bien sûr, ce n'est pas une phrase qu'il faut prendre comme l'énonciation d'une vérité absolue. Cette formule s'est cristallisée dans le contexte de discussions amicales avec plusieurs interlocuteurs. Je me rappelle la présence de Michel Rocard et de Jean Daniel. Et à la question amicale et un peu insolente à la fois de l'un d'entre eux : « Finalement, tu es quoi, toi ? Espagnol ? Français ? Un homme politique ? Un écrivain ? » j'ai répondu comme ça, brusquement, sans y réfléchir : « Je suis avant tout un ancien déporté de Buchenwald. »

Je ne le retire pas. Je ne veux pas changer d'opinion, seulement la nuancer. Ce n'est pas une réponse réfléchie, élaborée, à un ensemble de questions. D'abord, parce que je suis évidemment espagnol, français, écrivain et homme politique – *et* déporté de Buchenwald. Je suis tout cela à la fois. Mais j'ai fait un choix à ce moment-là, pour dire que l'expérience du camp à vingt ans est à la fois politique, existentielle, personnelle, historique, générale, et qu'elle m'a définitivement marqué. Pour paraphraser le vers d'Aragon, « Comparant tout sans le vouloir à la torture », je rapporte moi-même tout à mon expérience de déporté. C'est en ce sens que cette expérience est fondatrice.

En ce qui concerne le reste, je suis indécis. Un jour, je pourrais très bien répondre : je suis français, bien entendu, puisque j'écris en français ; mais il faudrait aussitôt que je corrige : j'écris aussi en espagnol ; et sur certains aspects, le fait que je suive le football par exemple, je suis tout à fait espagnol. En revanche, il y a une seule et unique expérience sur laquelle on ne peut ni transiger, ni moduler, ni chercher le meilleur moment ou le meilleur moyen de le dire : c'est l'histoire du déporté. Elle reste toujours là, latente. Je ne veux pas dire par là qu'elle soit obsédante, ni qu'elle m'empêche de dormir ou de vivre, mais elle est là. Et je peux toujours y avoir recours. Quand je pense à l'Europe ou que je réfléchis à des choses politiques, je garde toujours la possibilité de me référer à cette expérience-là.

F.A. : Jorge, j'aimerais aborder la question du passage de la littérature à la politique et de la politique à la littérature…

J.S. : Si je regarde ma propre vie, avec un effort de distanciation, je suis frappé d'une chose qui d'une certaine façon est une chance. Rien de volontaire, mais plutôt un don du destin : il s'agit de cette possibilité que j'ai eue de pouvoir passer de l'écriture à la politique. Ainsi, entre 1945 et 1947, je ne parviens pas à écrire sur l'expérience de Buchenwald. Pour des raisons que j'ai dites cent fois, parce que tout cela est lié à la mémoire de la mort, etc. J'abandonne alors l'idée d'écrire en général, et à ce moment-là, j'ai la possibilité, même si c'est évidemment aussi un choix, d'oublier cet « échec » objectif, historique, métaphysique, en faisant de la politique, et en partant clandestinement en Espagne.

À ce moment-là, le Parti communiste avait besoin de gens comme moi : inconnus de la police, sans casier judiciaire, parlant plusieurs langues, pouvant apparaître comme des intellectuels, donc ayant plus de facilités que d'autres militants pour revenir en Espagne clandestinement et donner l'illusion d'être une personne normale. Mon premier voyage en Espagne, en 1953, m'a beaucoup aidé. La thérapie face au poids de ce passé destructeur, c'était la politique. Car la politique, surtout celle de la gauche révolutionnaire, est toujours tournée vers l'avenir, vers demain : « demain on renverse Franco », « demain on fait la grève générale »...

Plus tard, dix ans plus tard, quand cette illusion s'est dissipée et que j'ai compris – ou cru comprendre – que la stratégie communiste n'était pas adéquate, et que j'ai commencé à la critiquer, j'ai été exclu du parti. Mais je n'ai fait aucun effort, la littérature m'a recueilli. Tout s'est enchaîné : la première version du *Grand Voyage* en français, le dernier voyage clandestin en Espagne, la publication acceptée chez Gallimard, et le feuilleton dans *Les Temps modernes*. J'ai abandonné la peau de serpent de la vie clandestine pour entrer dans la peau tout à fait publique de l'écrivain.

D'autres camarades du P.C. qui ont été exclus en même temps que moi n'ont pas eu cette chance. Certes, ils n'étaient pas écrivains. *La guerre est finie*, d'une façon indirecte et métaphorique, raconte l'histoire d'un militant exclu. Le fait que ce personnage soit joué par Yves Montand m'a beaucoup aidé à dépasser tout cela, parce qu'il a incarné l'un des personnages importants de ma vie et d'une façon telle que j'ai pu m'en défaire beaucoup plus aisément. Ainsi, je n'ai pas ressenti la douleur de la rupture autant que d'autres. De la même façon, quelques années plus tard, en jouant le rôle de London dans *L'Aveu*, Yves a contribué à me séparer de cet idéal du communisme qui s'était révélé faux.

Ma littérature virtuelle, mon projet littéraire, m'ont directement amené à la politique. En faisant de la politique en Espagne, je devenais aussi un de mes personnages.

F.A. : Comment, quand on a été un clandestin du Parti communiste espagnol, devient-on ministre ?

J.S. : Je suis devenu ministre par la volonté de Felipe González. Je l'avais connu dans les tout derniers mois de la dictature de Franco, alors qu'il portait le pseudonyme d'Isidoro, au cours d'une réunion semi-clandestine. La répression policière s'était relâchée et la clandestinité n'était plus ce qu'elle avait été. Au cours d'un dîner, j'avais alors rencontré ce jeune secrétaire général du P.S. en train de se reconstruire, et il m'avait fait grande impression.

J'ai tout de suite eu l'intuition et la certitude que c'était exactement le type d'homme politique dont l'Espagne future et encore hypothétique aurait besoin. Quelqu'un de gauche, mais sans les rancœurs, rancunes et frustrations de la gauche défaite dans la guerre civile. Il était social-démocrate parce qu'il était critique sur bien des aspects du communisme. Il correspondait à l'homme politique qui me convenait.

Depuis lors, nous avons eu des rapports fréquents et constants. Même quand je vivais à Paris, je voyageais pour aller le voir ; j'ai ainsi eu pour *Le Débat*, la revue parisienne de Pierre Nora, un grand entretien avec lui sur l'Espagne et l'Europe, vers 1983, avant que l'Espagne n'adhère à l'Union européenne le 1er janvier 1986.

Nous avions des rapports personnels. Mais le coup de téléphone me demandant si je voulais être ministre a été complètement imprévu ! En fait, ce n'est pas du tout quelque chose que je souhaitais. Javier Solana m'appelle un jour et me dit à brûle-pourpoint : « Es-tu assis ? », puis : « Qu'est-ce que tu as comme papiers ? Tu es espagnol ou français ? » Je réponds alors : « Écoute, Javier, je suis espagnol bien entendu, je n'ai jamais voulu être autre chose. J'ai été réfugié politique pendant longtemps, et maintenant qu'il y a une démocratie, j'ai un passeport espagnol. » « Ah ! Alors assieds-toi ! Felipe González veut que tu sois ministre de la Culture. »

Je n'ai accepté que pour une seule raison : pour travailler avec cette équipe-là. L'équipe socialiste de Felipe González était une équipe jeune, celle qui a *grosso modo* achevé la transition démocratique commencée par le centre-droit avec

Adolfo Suarez. C'est elle qui a, d'une certaine façon, rétabli l'autorité, le prestige du Parti socialiste dans la masse des citoyens.

Cette équipe m'intéressait beaucoup du fait de sa jeunesse. Je me rappellerai toute ma vie mon impression du premier jour du Conseil des ministres le vendredi : je suis arrivé dans cette salle, et j'étais le plus vieux. Tous ces ministres avaient trente-huit, quarante, quarante-cinq ans pour les plus vieux, et moi, j'avais déjà une bonne soixantaine... Moi qui avais été presque toute ma vie l'un des plus jeunes, dans le réseau de Résistance, puis au Bureau politique du Parti communiste d'Espagne...

Bien sûr, le ministère de la Culture était intéressant en lui-même. Mais le pouvoir d'un ministre est d'une certaine façon bien moindre que celui que j'avais comme membre du Bureau politique du P.C. clandestin. Mais j'ai aimé contribuer à cette période de l'Espagne achevant sa transition, démantelant les structures rigides et bureaucratiques de l'État franquiste dans le domaine culturel, mais aussi de la vieille tradition centraliste bureaucratique de la monarchie espagnole.

C'était alors la période où l'on transférait les pouvoirs culturels et ceux des musées aux Autonomies, c'est-à-dire aux Collectivités autonomes, comme la Catalogne ou le Pays basque. Un travail passionnant. J'avais cependant un pacte avec Felipe González : un écrivain ne peut pas rester éternellement ministre. Nous avions donc fixé à peu près l'année 1992 pour clore notre collaboration. 1992 correspondait au cinq centième anniversaire de la découverte de l'Amérique, à l'Exposition universelle de Séville, à toute une série d'événements comme les jeux Olympiques de Barcelone, qui en faisaient une année charnière. « Après, tu te passeras de moi ! » Il avait accepté en riant.

Je n'étais pas le premier à ce poste. Mon prédécesseur, Javier Solana, qui m'a appelé pour me faire la proposition de González, a été le tout premier ministre de la Culture en Espagne. Il a depuis fait une carrière européenne considérable puisqu'il a été d'abord ministre des Affaires étrangères, puis le « Monsieur politique étrangère et sécurité » de la Commission européenne jusqu'à la nouvelle administration issue du traité de Lisbonne.

L'Espagne démocratique a instauré la fonction de ministre de la Culture en s'inspirant du modèle français. Il n'y en a pas dans beaucoup de pays de l'Union européenne : ni en Allemagne ni au Royaume-Uni, par exemple. C'est une invention jacobine française qui a eu une influence considérable en France, surtout à l'époque où ces ministres incarnaient une volonté d'État, d'intérêt général. Sous le franquisme, il y avait un ministère de l'Information et du Tourisme, dans lequel se trouvait une sous-direction *Cultura y propaganda* (Culture et propagande) ; encore avant, il n'y avait rien de ce type dans l'Espagne républicaine des années 1930 – juste un secrétaire d'État aux beaux-arts. C'est une invention démocratique.

F.A. : Est-ce que tu as pu sentir à travers cette expérience qu'une unité européenne existait dans ce domaine ?

J.S. : Disons qu'existait une unité des problèmes européens, et qu'il s'agissait de traiter les questions que tous les États membres pouvaient aborder ensemble sur le plan culturel. Le passé de chaque pays est fort différent, mais dans toutes ces histoires nationales on retrouve des épisodes de dictature, des épisodes funestes ; finalement, le passé y est à peu près le même, et les problèmes comparables. Cette communauté des problèmes européens, objet de nos discussions régulières, a permis d'envisager les questions de diversité et d'exception culturelle. Ainsi, il a fallu faire face à une volonté néolibérale, qui dominait surtout en Allemagne.

L'Allemagne n'avait pas de ministère de la Culture et envoyait aux réunions le « ministre-conseiller pour la Culture » de chaque *Land* à tour de rôle, dans une espèce de roulement, en compagnie d'un représentant du gouvernement central, la plupart du temps un représentant du ministère des Finances. L'Allemagne était alors orientée vers une conception très néolibérale de la circulation des biens culturels. En Espagne, ou en France (à l'époque, le ministre de la Culture en France était Jack Lang), nous ne pouvions pas accepter cela. D'autant moins que l'inventaire des biens culturels espagnols n'était pas encore fini : il y avait par exemple des tableaux, dont on ne savait pas vraiment s'ils existaient encore, ni dans quel état ils étaient. Certains étaient dans des couvents ou des cloîtres, et l'État espagnol n'en avait pas encore l'inventaire complet. À cette époque, je me souviens d'avoir dû écrire au ministre allemand, qui n'avait placé que vingt œuvres dans le domaine à protéger, pour lui dire en substance : « Il faut impérativement empêcher que les œuvres culturelles ne circulent comme des machines à coudre. Il faut certes tenir compte des lois du marché, mais il faut les maîtriser, les réguler. Il faut comprendre que la culture n'est pas une marchandise comme les autres. Une nappe arrachée à un bistrot parisien parce qu'elle porte un dessin de Picasso, pourquoi a-t-elle la valeur qu'elle a ? C'est un mystère qui n'est pas éclairci par les lois de l'économie. »

Cette discussion a donc commencé à mon époque ; certains excès du néolibéralisme ont ainsi pu être évités, mais tout n'est pas résolu. Après ça, on s'est orientés vers la formule de la diversité plutôt que de l'exception culturelle. Mais c'est un débat récurrent en Europe.

F.A. : Comment expliques-tu que Felipe González, au-delà de vos liens personnels, ait choisi un écrivain, espagnol certes, mais surtout un écrivain français vivant à Paris pour devenir ministre à Madrid ?

J.S. : J'y vois deux raisons. Premièrement, il a fait le choix d'un écrivain européen. Certes, je suis un Espagnol plutôt connu comme écrivain français ; et c'est aussi parce que je suis revenu en Espagne comme ministre que j'ai écrit plusieurs livres en espagnol. Le fait de revivre en Espagne m'a rendu le goût de l'écriture dans cette langue. Mais j'étais avant tout européen, et l'Espagne s'apprêtait à présider, pendant six mois, le Conseil des ministres européen. Avoir une figure européenne à ses côtés intéressait Felipe. La deuxième raison tient à mon passé de dirigeant clandestin antifranquiste. Ainsi, la première fois qu'il m'avait invité à venir à Madrid, avant même de prendre ses fonctions, il me l'a confié d'une façon très précise. Sur le perron de la Moncloa, le palais présidentiel, à minuit, alors que je partais pour regagner mon hôtel, il m'a dit ces phrases dont je me souviens presque textuellement : « Tu vas être ministre. Le travail va être parfois facile, parfois difficile. Tu vas avoir beaucoup d'amis, souvent intéressés, et beaucoup d'ennemis parfois désintéressés – parce que ce sont des amis idéologiques. Mais, un jour, tu iras en visite dans une lointaine province espagnole inaugurer une bibliothèque ou présider un colloque, et tu seras reçu en tant que ministre par le colonel de la garde civile qui commande la garnison en place. Il se mettra au garde-à-vous devant toi et dira "Excellence", alors tu comprendras pourquoi je fais venir "Federico Sánchez". »

*

* *

F.A. : Jorge, il se trouve que nous avons la chance d'être ensemble à Madrid au moment de la demi-finale de la coupe du monde de football. J'aimerais à cette occasion que tu me dises comment un intellectuel comme toi, un pur politique, a conçu de l'intérêt pour le football ?

J.S. : Mon intérêt pour le football, qui est devenu une passion mineure mais réelle, est venu pour des raisons absolument non sportives. C'est un lundi de l'année 1954 ou 1955, lorsque j'étais clandestin à Madrid. La télévision ne diffusait pas encore les matches comme aujourd'hui ; tous les matches de foot se jouaient le dimanche, et on avait la radio, bien entendu. Mais quand on ne pouvait pas écouter la radio, le lundi, les journaux sportifs donnaient les résultats. Ce lundi donc, je me trouvais dans un café de Madrid près de l'université San Bernabeu, sûrement après une réunion avec des étudiants. Mais, entre deux rendez-vous, il fallait « faire du temps », *hacer tiempo* comme on dit en espagnol, passer le temps en somme, comme souvent en clandestinité. J'étais au comptoir, et mon voisin me dit tout à coup, avec cette familiarité madrilène : « Qu'est-ce que vous avez pensé de Di Stefano, hier ? » Di Stefano était un joueur argentin du Real Madrid, l'idole des amateurs de football, un peu comme Zidane aujourd'hui ; un merveilleux joueur, extraordinaire. Il me répète : « Qu'est-ce que vous avez pensé de Di Stefano, hier ? » Je me retourne vers lui : « Di Stefano ? Qui c'est ? *¿Quién es ?* » Et j'ai alors entendu cristalliser, coaguler, le silence mortel dans ce bistrot où il n'y avait que des hommes, bien sûr, car dans l'Espagne de 1954 à 11 heures du matin dans un bistrot, il n'y avait jamais aucune femme. Quarante types environ se sont donc retournés vers moi, le Martien qui ne savait pas qui était Di Stefano. Je me suis dit alors : Si tu veux continuer à survivre dans la clandestinité, il faut que tu connaisses les noms des joueurs, les équipes, les résultats... J'ai pris conscience que ne pas savoir qui étaient Di Stefano, Gento, Suarez, me ferait un jour démasquer comme étranger à la vie de l'Espagne.

J'ai commencé à lire la presse sportive. Du coup, je m'y suis intéressé, d'abord professionnellement si j'ose dire, et puis je suis allé voir des matches et je suis devenu amateur, j'ai pris goût au sport. Quand j'étais jeune, j'avais fait du basket à l'université de Paris ; mais le foot, c'était très secondaire. Peu à peu, j'y ai pris goût, et c'est resté. Tous les premiers mardis du mois, quand nous avons la réunion du Goncourt, je rencontre Bernard Pivot et nous commençons par parler de foot. Le premier échange, ce sont les commentaires sur le dernier match ou les championnats en cours. Après seulement, on parle livres... Je blague à peine !

F.A. : Ce nationalisme exacerbé qui se manifeste à travers le sport, en particulier dans le football, est un peu à l'image des nationalismes qui se réveillent partout dans le monde. N'y a-t-il pas un parallèle à faire avec le monde politique ?

J.S. : En ce qui me concerne, ce qui m'intéresse dans le sport, ce sont des choses extérieures au nationalisme, et même parfois opposées. Par exemple, le nom de la sélection « *la Roja* » m'amuse et parfois m'émeut : l'appellation vient de la couleur rouge du maillot – mais, en Espagne, le rouge a une connotation politique extraordinaire : les « Rouges », c'étaient les Républicains. Le franquisme a passé vingt ou trente ans à les dénoncer. Et, aujourd'hui, *la Roja* est la gloire de l'Espagne ! Peut-être pour un esprit averti cela n'a-t-il aucune importance, mais en Espagne, c'est très curieux, la joie avec laquelle tout le monde parle de *la Roja*.

Et puis, je trouve également intéressant qu'il y ait dans la sélection espagnole des Catalans, des Basques, des Madrilènes, des Castillans, sans que cela pose aucun problème.

L'équipe de football espagnole est l'un des rares endroits où persiste un certain sentiment de cohésion, d'unité nationale.

Bien sûr, les phénomènes sportifs stimulent aussi des passions dangereuses. Les supporters de certains clubs sont des hooligans et des voyous. Le football est le grand sport populaire, international, mondial. Il est inévitable qu'il charrie le plus d'émotions, de passions, d'intolérance aussi. C'est le côté obscur de ce spectacle, qui est un spectacle superbe.

Mais le football, c'est aussi la patrie. Aujourd'hui, un pays qui émerge à peine sur le plan politique et international peut exister parce qu'il a une grande équipe de football, et arriver ainsi à une forme de reconnaissance mondiale. Le parcours de la Slovaquie dans cette coupe du monde de 2006 a sûrement éveillé l'intérêt et la curiosité : qui savait, avant, ce qu'était la Slovaquie ? C'est un sport mondial, de plus en plus globalisé : même des régions comme l'Amérique du Nord, à l'origine peu enclines à s'intéresser au football, se prennent maintenant au jeu. Populaire, mondial, très facile à comprendre et à interpréter, beaucoup plus facile à suivre que d'autres sports comme le rugby, il permet en quelque sorte une autre valorisation sur la scène internationale. À ce titre, il mérite attention et intérêt.

IV

L'aventure Europe

F.A. : Il y a différentes raisons de parler de l'Europe. Tu as écrit avec Dominique de Villepin, en 2005, *L'Homme européen*. Comment est née l'idée de ce livre, et pourquoi l'as-tu écrit ?

J.S. : Ce livre à deux voix, cet échange avec Dominique de Villepin sur l'Europe est né à l'occasion du référendum en 2005, au cours d'une rencontre amicale. Nous avons constaté avec surprise à quel point nos opinions pouvaient être convergentes et nos coïncidences fortes. Sur le plan historico-politique, il est vrai que nous sommes très éloignés ; son parcours et ses positions politiques sont totalement différents des miens. Cette forme de continuation du gaullisme m'est étrangère. Mais finalement, sur l'Europe, nous sommes vraiment tombés d'accord.

Nous étions alors à un moment particulier où régnait, pour le dire un peu méchamment, une sorte de « snobisme du Non » qui s'appuyait sur tous les défauts d'illisibilité, de complication, de ce traité constitutionnel européen. Cette possibilité de dialogue avec un homme de droite pour exprimer un point de vue commun sur l'Europe m'a semblé intéressante. C'est devenu *L'Homme européen* ! Mais cela n'a pas empêché de perdre le référendum, ni les volte-face de certains politiques...

Depuis ma rupture non seulement avec le P.C.E., mais aussi avec la théorie marxiste-léniniste de la révolution, je me suis tourné vers l'horizon européen. Dans cette réflexion qui entraîne la critique d'une partie des positions marxistes, dans ce travail d'autodestruction et de reconstruction, le thème de l'Europe m'est essentiel, parce qu'il incarne le retour aux valeurs démocratiques. Dans le contexte de l'Espagne postfranquiste, c'est encore plus sensible, car l'adhésion aux principes européens correspond à l'ancrage définitif dans la démocratie. C'est donc au cours de ce travail personnel, pas toujours facile, de destruction de l'idéal communiste, qui a régi une bonne partie de ma vie, que j'ai rencontré l'Europe.

F.A. : S'il n'y avait pas eu cet épisode tragique de l'histoire, est-ce que tu penses que l'Europe se serait construite aussi rapidement ? La défaite du nazisme n'a-t-elle pas précipité sa naissance ?

J.S. : L'Europe est née de la tragédie. Ses origines sont doubles. D'une part, la critique historique par les Européens eux-mêmes de leur passé fasciste en général, et nazi en particulier, est l'un des puissants moteurs de la construction européenne. La réconciliation franco-allemande, qui semble aujourd'hui une chose évidente et indiscutable, représente en fait une véritable révolution sur le plan politique aussi bien qu'humain. D'autre part, le second élément déclencheur a été l'aiguillon de la menace soviétique, qui a conduit à la construction d'un espace politique et économique de liberté et de coopération.

Aujourd'hui, ces moteurs ont disparu, ou sont en tout cas affaiblis. La réconciliation franco-allemande est considérée comme un acquis. On discute encore si telle ou telle position allemande ou française diverge ou s'oppose, mais on ne remet jamais plus en cause l'essentiel de la réconciliation, ni de la coopération entre les deux pays. Alors qu'en 1945-1947, c'était une politique qu'il fallait, d'une certaine façon, imposer à la réalité.

Mais quand on parle d'Europe, il est pour moi complètement nécessaire d'en revenir aux camps. Quoique j'aie décidé, par hygiène personnelle, de ne plus jamais faire délibérément allusion à ce passé-là, je suis obligé de le faire indirectement ici. Buchenwald est un camp où le symbole, l'incarnation du projet européen à ses débuts, sont évidents, inscrits dans la réalité même de la géographie du camp. La cheminée du crématoire domine le camp tel qu'il se présente aujourd'hui, et c'est elle qui est devenue le lieu de mémoire. Mais au bout de la colline qui descend vers la plaine de Thuringe, il y a une forêt toute jeune, dont les vieux déportés savent très bien qu'elle n'existait pas à l'époque. Elle a été plantée par les autorités de la République démocratique allemande. Pourquoi? Pour cacher les fosses communes du camp stalinien.

Parce que la singularité extraordinaire de Buchenwald, c'est que deux mois après le départ des derniers déportés, des partisans yougoslaves, en septembre 1945 donc, le camp a rouvert pour devenir un camp de la police soviétique, dans la zone d'occupation russe en Allemagne. C'est devenu le *Speziallager Nr. 2*, le « camp spécial numéro 2 ». Il n'y a eu qu'un bref intervalle de quelques semaines durant lequel le camp a été vide de prisonniers. Évidemment, ce symbole est d'une force extraordinaire. C'est pour cette raison que l'Allemagne a un rôle essentiel à jouer, en plus de « l'expiation » des crimes nazis : parce qu'elle est le seul pays d'Europe où les deux totalitarismes se sont directement succédé, du moins dans une partie de cette Allemagne réunifiée. La motivation européenne est particulièrement sensible en

Allemagne en général, et à Buchenwald en particulier, pour cette raison.

F.A. : Le fait d'avoir été prisonnier dans ce camp et d'y avoir côtoyé de nombreuses nationalités, de vivre cette expérience épouvantable partagée par toute la communauté européenne, a-t-il développé en toi ce sentiment de l'homme européen ?

J.S. : Bien sûr, car tous les Européens y étaient représentés : les partisans yougoslaves, les maquisards français, les résistants norvégiens, etc., tous ceux qui étaient là avaient une histoire personnelle de résistance au nazisme. Les Espagnols de Buchenwald avaient souvent été arrêtés en France. Ils venaient de France, et c'est là qu'ils ont ensuite été rapatriés.

Il y a un autre facteur très personnel, décisif pour moi. Historiquement et objectivement, la première fois qu'est mentionnée dans l'histoire contemporaine la « supra-nationalité européenne », c'est-à-dire la possibilité d'une coopération, d'une fédération, d'une unité européenne qui aille au-delà du commerce et des armes, ainsi que des relations par la violence militaire, c'est en 1935 à Vienne, dans une conférence de Husserl, le grand philosophe juif allemand[1]. Au moment de cette conférence, il est déjà exclu de l'université allemande, car Hitler est au pouvoir depuis deux ans. Son disciple Martin Heidegger, peut-être son disciple préféré, a déjà retiré la dédicace de son livre *Être et Temps* (*Sein und Zeit*), parce que ce n'était pas convenable de dédier le livre à un Juif. Et la première fois qu'on m'a parlé de cette confé-

1. Edmund Husserl, « La Crise de l'humanité européenne et la philosophie ». Conférence tenue à Vienne le 7 mai 1935. Éditions Aubier-Montaigne, 1992. De Husserl, voir aussi l'introduction de *Logique formelle et logique transcendantale* (1929) et la quatrième des *Recherches logiques* (1901).

rence, c'est à Buchenwald. C'était un intellectuel juif viennois qui vivait sous un faux nom (Lebrun ou Lenoir, une couleur en tout cas...), qui avait résisté à la Gestapo, dont le vrai nom était Félix Kleiser. Un important faisceau d'éléments m'a mené plus tard à m'intéresser à cette conférence et à l'intégrer dans mon cheminement intellectuel. Je considère que la pensée de l'Europe est née dans cette communauté dont sont seulement exclus les Anglais, parce qu'ils n'ont pas été occupés. Les Anglais ont tenu devant le projet d'invasion allemande et sous les bombardements. Un jour, je me suis réjoui d'entendre dans une réunion à comité restreint le chancelier Kohl dire à des patrons de presse anglais qui étaient très peu proeuropéens : « Mais l'Europe, c'est vous. Si vous n'aviez pas tenu, vous Anglais, contre Hitler en 1940, il n'y aurait pas d'Europe. Vous êtes les fondateurs spirituels de l'Europe à cause de votre résistance invaincue contre le nazisme. Vous ne pouvez pas renoncer à cet héritage, puisque c'est vous qui êtes à l'origine du projet européen. » J'ai trouvé l'argumentation du chancelier allemand convaincante. De fait, dans le camp, il n'y avait pas d'Anglais. Toutes les nationalités européennes étaient représentées sauf celle-là, parce que, ayant résisté militairement et échappé à l'Occupation, les Anglais n'avaient pas eu de déportés.

De même que je disais : « Ma patrie, c'est le langage », je pourrais dire : « Ma patrie, c'est l'Europe. » D'abord pour une raison nationale espagnole. Depuis le début du XXe siècle et les travaux d'une génération qu'on appelle « la génération 1898 », on lie l'analyse des problèmes de l'Espagne à l'Europe. Comme l'a écrit le philosophe Ortega y Gasset : « L'Espagne est un problème, l'Europe est la solution. » Cette tradition proeuropéenne des forces de gauche, au sens très large du terme, et des forces démocratiques et libérales, au sens politique du terme, est ancienne. Dans cette perspective, l'ancrage en Europe a toujours été un objectif. Voilà une partie de mon héritage culturel.

F.A. : J'ai lu quelque part que tu disais qu'« il existe beaucoup d'indices sérieux de la pensée allemande contemporaine qui prouvent que, dans le cadre européen, il est possible pour l'Allemagne de rompre à jamais avec ce que le nazisme incarnait ».

J.S. : Ce travail d'autocritique historique, de prise de distance historique avec son propre passé, tous les peuples européens ont dû le faire. Plus ou moins rapidement, plus ou moins profondément : la mémoire de Vichy et celle des guerres coloniales en France, la mémoire du franquisme en Espagne, la mémoire du nazisme en Allemagne. Tout cela est long ; mais un bilan est possible aujourd'hui. C'est mon expérience personnelle qui me fait dire cela, et non une théorie abstraite : j'ai passé au moins vingt ans de ma vie à faire des conférences et à animer des débats en Allemagne, en général sur le thème européen, et à animer en particulier sur le thème du passé nazi. Les textes de la plupart de ces conférences sont publiés dans *Une tombe au creux des nuages*, mais ce qu'on ne peut pas publier, c'est le contenu des débats qui ont suivi ces conférences. J'y ai constaté l'ouverture du jeune public allemand, universitaire ou non, sa disposition critique envers ce passé, son exigence intellectuelle et morale dans le contenu des débats. La profondeur de cette autocritique des Allemands me paraît exemplaire. Après deux siècles environ d'échecs de la démocratie, la République de Weimar en étant le dernier avatar, l'ancrage de cette Allemagne dans la démocratie est un fait qui bouleverse l'histoire de l'Europe. L'Allemagne a su se départir de la mythologie raciale et sanguinaire du nazisme.

Aujourd'hui, l'Allemagne renaît en tant que moteur économique, sacrifie le deutsche Mark à l'euro et s'ancre définitivement dans les valeurs démocratiques, quelles que soient les péripéties, les discussions sur tel ou tel problème de gouvernance européenne. On peut désormais considérer que cet ancrage est définitif, et qu'il s'agit d'un changement historique dans l'histoire allemande.

F.A. : Tu viens de faire allusion à la publication d'*Une tombe au creux des nuages*, un recueil de nombre de tes discours. On peut y lire la phrase suivante : « Nous pouvons le constater encore aujourd'hui en Europe centrale, nous voyons tous les jours comment les erreurs du traité de Versailles, confirmées pour la plupart à Yalta, ont créé des sources de conflits nationalitaires ethniques, des problèmes de minorités qui ne pourront se résoudre que dans une perspective européenne, le pluralisme des identités nationales, ou régionales, relayé par une supranationalité communautaire, et jamais dans une politique d'alliance autour de telle ou telle grande puissance. »

J.S. : Indépendamment des problèmes de la double racine antinazie et antistalinienne de la construction européenne, cette volonté qui conduit vers l'Europe comporte une contradiction fondamentale, qui perdure aujourd'hui. Je pense à la coexistence entre désir d'unité et revendication de la différence. Le désir d'unité prend pour certains une forme fédérale, pour d'autres une forme confédérale ; en tout cas il persiste une certaine idée supranationale. La caricature, c'est l'opposition à Bruxelles, qui est à la fois le symbole de l'Europe unie, l'esprit de la Communauté européenne, et en même temps le bouc émissaire de tous les problèmes. « C'est l'Europe, c'est Bruxelles qui décide ! »

Quelque simpliste que soit cette expression, Bruxelles reste le symbole de la supranationalité.

Parallèlement, et ce surtout depuis l'effondrement de l'Empire soviétique, une série de révolutions de velours a bouleversé le paysage politique de l'Europe centrale et orientale. Des nations longtemps opprimées, souvent privées de leur personnalité propre sur beaucoup d'aspects, comme l'aspect religieux en Pologne, se sont libérées. La disparition de l'empire a révélé des tropismes, disons-le avec un néologisme, « nationalitaires », dont certains prennent une forme autoritaire, parfois de droite, parfois de gauche. On a même vu apparaître des États qui n'avaient jamais existé en tant que tels jusqu'à présent. La dislocation de la fédération yougoslave a fait éclater les nationalités, et chacune a voulu avoir son État, son drapeau, ses frontières, ses couleurs, son équipe de football… Dès les origines de la construction européenne, on trouve la présence de cette tension entre une réelle aspiration à la supranationalité et le maintien d'une forte aspiration à l'identité nationale.

Cette contradiction joue toujours un rôle à présent. Claudio Magris, un écrivain européen – je cherche quelle nationalité lui attribuer : italienne d'une certaine façon –, est l'auteur d'un très beau livre sur l'Europe centrale intitulé *Danube*[1] où, en suivant le cours de ce beau fleuve bleu, il remonte le cours de l'histoire, cet éparpillement national de l'Europe centrale. Récemment, cet Européen convaincu a confié dans une interview donnée à un journal espagnol que, pour lui, « le danger, aujourd'hui, ce sont les particularismes ». Cette aspiration à l'identité ethnique et nationale dans le sens le plus restrictif du terme est légitime et compréhensible ; mais elle peut aussi, objectivement, être terriblement dangereuse.

1. Claudio Magris, *Danube*, Paris, Gallimard, 1988.

Outre l'aspiration à l'unité, le problème de l'Europe est donc de maintenir sa diversité. Il est effectivement inconcevable qu'on impose, par exemple, une langue unique, selon le vieux rêve médiéval de l'Europe chrétienne parlant latin. Aujourd'hui, le slovène ou toute autre « petite langue », je le dis sans préjugé, est certes minoritaire du point de vue démographique, mais du point de vue littéraire, elle a autant le droit d'être une langue européenne littéraire universelle que le slovaque, le français ou l'allemand.

C'est là l'un des mérites de l'Europe de permettre cela. La traduction étant quasiment immédiate, on ne les a pas lus dans leur langue originale, mais on a pu lire de grands romans européens qui étaient des romans slovènes. Cette diversité doit être conservée à tout prix. L'affirmation de Julien Benda dans son *Discours à la nation européenne*, qui disait comme une évidence en 1933 que « la langue de l'Europe, c'est le français », serait aujourd'hui inconcevable. La diversité, pour ne pas dire parfois la dispersion culturelle et linguistique, repose en même temps sur la communauté des valeurs politiques qui sont celles de la démocratie.

Dans la déclaration de Laeken à la fin de la présidence belge de l'U.E. en décembre 2001, on trouve une phrase qui résume, pour moi, tout l'esprit européen : « La seule frontière de l'Europe, c'est la démocratie. » C'est là un point essentiel.

F.A. : Mais dans quelle mesure le respect de toutes ces différences culturelles, et en particulier linguistiques, ne devient-il pas une barrière à ce que les hommes se fédèrent et se comprennent ?

J.S. : Historiquement, le problème est complexe, surtout si l'on considère que le modèle du jacobinisme en France s'est réalisé dans l'unification par la langue. Cette volonté d'unification jacobine est très forte dans la tradition française depuis la Révolution, et reste néanmoins un facteur de modernité. L'Espagne a une tradition complètement différente, plutôt girondine. Elle l'a payé historiquement, à sa façon. L'inconvénient du jacobinisme, dont la puissance d'unification est évidente, consiste dans l'éradication des langues et cultures locales. La France est un des rares pays européens qui n'a pas ratifié la charte des langues régionales, comme si elle avait encore un réflexe de méfiance pour celles-ci. Il est vrai que le prix à payer des langues régionales peut être fort : pourquoi, par exemple, les régiments bretons de la Grande Guerre sont-ils ceux qui ont eu les pertes humaines les plus élevées en France ? Pour une raison très simple : le petit Poilu breton ne comprenait pas les ordres de ses officiers... Paul Claudel raconte quelque part avec beaucoup d'émotion que les régiments bretons montaient à l'assaut des lignes allemandes en 14-18 en criant les deux seuls mots en français qu'ils connais-saient : « Ouest-État ». C'était le nom de la compagnie des chemins de fer qui desservait la Bretagne. « Ouest-État », pour les régiments bretons, cela signifiait « République française ».

Rétrospectivement, cela ne doit pas empêcher de considérer le côté éventuellement positif du jacobinisme et de la centralisation. Ce n'est pas la peine de lire longuement Tocqueville pour voir que l'Ancien Régime avait déjà cette volonté de centralisation à travers le pouvoir royal ; puis le jacobinisme l'a transmis aux Républiques françaises, les IIIe, IVe et surtout Ve du nom. Malgré les aspects positifs de ce mouvement, l'occultation de la diversité « nationalitaire » d'une certaine partie du peuple français cadre mal avec le processus de construction et d'existence réelle de l'Europe comme réalité politique.

F.A. : Victor Hugo parlait en son temps des « États-Unis d'Europe ». L'Europe de Jorge Semprun, ce serait quoi ?

J.S. : Mon Europe, ce serait – et elle l'est déjà en partie – un espace public laïc où un certain nombre de valeurs démocratiques irait de soi. C'est-à-dire qu'il n'y aurait pas besoin de faire des campagnes pour expliquer chaque fois la nécessité de la liberté d'expression, de la liberté politique, du pluralisme, etc. Ce serait le socle sur lequel on construit quelque chose, et où régnerait aussi cette diversité culturelle qui fait que s'épanouissent les mêmes valeurs dans des langues différentes.

Mais je pourrais aussi répondre plus concrètement, sous la forme d'une boutade : mon Europe, ce serait une grande ville. Pardon, je ne suis pas très rural ! Pour George Steiner, l'Europe, c'est celle des cafés, de Saint-Pétersbourg à Lisbonne. Pour moi, c'est l'espace public urbain tout entier : mon Europe est vaste ! Et je pourrais dire, sans aucune grandiloquence ni pathos, qu'au plus près de mon sentiment d'ancien déporté, il y a mon sentiment d'Européen contemporain.

Les formes politiques ouvrent une réflexion plus complexe. Comment concilier au mieux la supranationalité et la vieille idée d'indépendance ? Je reprends ici une idée fondamentale de Léon Blum, qui a participé très peu de temps à la construction européenne, parce qu'il est mort en 1950, alors que l'Europe en était encore aux vagissements de la CECA. Je trouve que les gens de gauche en France feraient bien de relire Blum sur l'Europe[1]. Il a attiré l'attention à la fois sur les méfaits du souverainisme et sur les bienfaits de l'indépendance.

1. Léon Blum, allocution à la « Conférence de l'Internationale Socialiste sur les États-Unis d'Europe », 24 avril 1948.

Il me semble que cette Europe devrait prendre la forme d'une unité politico-économique, comme y invitent la monnaie et le marché uniques, et maintenir la pensée diverse en même temps que le partage de valeurs politiques communes. Fédérative ou confédérative, la forme reste ouverte. Ouverte à cette contraction interne de l'Europe : ne pas trancher d'avance. Encore une fois, la meilleure définition se trouve chez Husserl dans sa conférence de 1935 : « Un espace culturel, spirituel et politique, où les nations échangeraient, pas seulement par la voie du commerce ou des armes, des valeurs qu'elles ont en commun », un espace qu'il appelle la « figure spirituelle de l'Europe ». Voilà l'objectif, le noyau.

Pour le reste, les formes politiques sont à inventer avec précaution, en comprenant les besoins, les désirs et la nécessité de l'identification étatique, ou nationale, qui subsistent encore ; en particulier parce qu'il y a encore des espaces européens qui y prétendent – comme le Kosovo par exemple. Après tout, pourquoi pas, si c'est le chemin vers une certaine unification politique, économique ? Je ne crois pas qu'il faille être tranché sur la forme que peut prendre cette unité supranationale. Les limites sont claires : l'Europe n'est pas seulement un espace géographique, dans la mesure où elle est évidemment une partie du sous-continent eurasiatique. Il faut mesurer que l'Europe, du point de vue des valeurs, se retrouve parfois davantage en Argentine ou dans un autre pays démocratique que dans un pays européen comme la Serbie de Milosevic, où la dictature postcommuniste relevait d'une brutalité héritée du stalinisme. À chaque moment il faut faire la différence, mais l'essence est claire : un socle partagé de valeurs politiques communes et le maintien des différentes habitudes culturelles, des écrivains traditionnels, des façons de manger et de se divertir.

F.A. : Tu disais tout à l'heure : mon Europe serait un espace public laïc où un certain nombre de valeurs démocratiques irait de soi. La Turquie peut-elle faire partie de cet espace public laïc ?

J.S. : Pour la Turquie et son adhésion possible à l'U.E., j'ai une opinion très affirmée, qui, au moins, doit faire partie de la discussion. Tout en étant conscient des problèmes et tout en sachant très bien que la Turquie est en pleine évolution et n'est plus le pays de Kemal Atatürk, je crois que fermer d'avance la porte et lui interdire le cheminement vers l'Europe reviendrait à nous priver d'un apport considérable. Ne recommençons pas la discussion géographique : s'il y a détroit, c'est bien qu'une partie de la Turquie est en Europe. En outre, nombre de guerres européennes du XXe siècle ont tourné autour de la question turque. Aujourd'hui, ce n'est pas par une nouvelle guerre balkanique qu'on résoudra cette question, mais par la discussion, l'entente et les progrès de la démocratie.

Il serait bon d'avoir un grand pays musulman du côté de l'Europe, du côté de la laïcité, ou de la possibilité, en tout cas, de l'organiser et de la structurer. *A fortiori* lorsqu'on songe que le problème historique fondamental qui a longtemps animé l'Europe n'était autre que la séparation de l'Église et de l'État. La chrétienté, comme l'État, a dû accepter cette séparation il y a des siècles. Elle a fini par accepter de « rendre à César ce qui appartient à César et à Dieu ce qui appartient à Dieu », le principe de base de la séparation. Mais ce qui est un acquis du point de vue du christianisme occidental ne l'est pas pour d'autres religions monothéistes, parce que cette séparation entraîne presque automatiquement l'acceptation de l'émancipation de la femme et donc de certaines libertés individuelles qui n'existent pas ou ne sont pas comprises comme telles dans de nombreux pays.

À mes yeux, une bataille véritablement intelligente et intellectuelle à mener serait de faire comprendre à ceux des Européens qui n'en sont pas convaincus, et à ceux des Turcs qui y sont opposés parce qu'ils sont ennemis de la laïcité et de la démocratie, que l'entrée de la Turquie dans l'U.E. est l'une des meilleures voies vers une démocratie turque apaisée, définitivement établie sur l'analyse critique de son propre passé, y compris dans sa dimension génocidaire. C'est tellement évident que ça me paraît compliqué d'avoir à l'expliquer, mais je suis prêt à le faire mille fois s'il le faut, et à maintenir que l'horizon européen est à la fois fondamental pour la Turquie et pour l'Europe vis-à-vis de ce pays.

F.A. : Peut-on discerner dans ton œuvre, qu'elle soit littéraire ou cinématographique, ou dans ta carrière politique, un fil qui révèle l'Européen que tu es ?

J.S. : Il y a effectivement dans mon œuvre en général un fil européen. Un fil contradictoire, parce que très longtemps, en tant que marxiste et stalinien, j'étais opposé à la construction de l'Europe. Parce que depuis les années 1920, ce que l'on appelait les « États-Unis d'Europe » ne pouvait qu'être un adversaire. Je me rappelle que la première instruction que Lénine ait donnée à son commissaire du peuple aux Affaires étrangères, qui allait pour la première fois rencontrer à Gênes les délégations occidentales, était : il faut s'opposer aux États-Unis d'Amérique et à ce qu'ils tissent des liens avec l'Europe, et diviser les États européens entre eux. Cette stratégie n'a pas varié au cours de l'histoire, même si elle a subi quelques modulations. En ce sens, l'Europe a toujours été l'Europe de la bourgeoisie, des commerçants, des banques, etc. Il n'y avait jamais l'idée que l'Europe pourrait également être celle des peuples, de la résistance des peuples.

Bien que sur le plan politique je ne sois venu à l'idée européenne que progressivement, j'ai toujours été européen culturellement et intellectuellement. Pour moi, il n'y a jamais eu de frontières nationales dans la littérature. Je lisais aussi bien en français qu'en anglais, en espagnol, en italien... Un seul exemple : à l'époque de ma fidélité communiste, j'étais un lecteur éperdu de Kafka. Et Kafka était très mal vu par la critique officielle marxiste, considéré comme un écrivain décadent, pessimiste et sioniste par-dessus le marché, donc à condamner entièrement. Je me souviens d'une enquête du Parti communiste français, dans son expression littéraire, de l'hebdomadaire *Action*, qui s'appelait ni plus ni moins : « Faut-il brûler Kafka ? » Moi, je n'ai jamais brûlé Kafka. Malgré ma fidélité et mon orthodoxie communiste antieuropéenne, je conservais une fidélité, un jardin privé qui était européen : le jardin de la littérature et de la culture.

Cette contradiction s'est résolue avec le temps. Je rejoins ainsi un courant de pensée espagnol démocratique et libéral qui a toujours été proeuropéen, même avant la guerre civile et la dictature de Franco, en compagnie de noms prestigieux, comme Salvador de Madariaga y Rojo, Ortega y Gasset et d'autres. À ma façon, je rejoins ces grands libéraux pro-européens d'Espagne dans ce que j'appelle « la pensée de la raison démocratique européenne ».

F.A. : Plus largement, penses-tu que la culture peut être un vecteur d'unification des peuples européens, un ciment qui aide à construire cet ordre ?

J.S. : Je pense effectivement que la culture l'a toujours été, et l'est aujourd'hui plus que jamais. On attribue à Jean Monnet une phrase qu'il n'a jamais dite : « Si j'avais à recommencer la constitution de l'Europe, je commencerais par la culture. » Cette citation est apocryphe, parce qu'il est bien évident qu'il fallait commencer par les fondements. Une maison ne se construit pas par le toit, mais d'abord par des fondations en ciment : et ce ciment, la véritable base de l'Europe unie, c'était la petite Communauté du Charbon et de l'Acier, les intérêts économiques et industriels communs.

Mais cette phrase a tout de même beaucoup de vrai ; car, de nos jours, la culture joue un rôle beaucoup plus important. Le charbon et l'acier sont des entreprises humaines où la part du savoir est minime, alors qu'aujourd'hui on commencerait plutôt par les technologies de pointe, l'informatique, la cybernétique… Il y aura beaucoup plus de culture dans la nouvelle économie digitale que dans la vieille économie du charbon et de l'acier. Aujourd'hui, la culture devrait être au premier plan, non seulement parce que nous traversons une crise des institutions, mais aussi de l'idée européenne et de la notion même d'Europe.

Il faut reposer les questions fondamentales : qu'est-ce que l'Europe ? Contre quoi, pour quoi la bâtit-on ? Sur ce point, l'apport des cultures pourra être très important pour débloquer la situation.

F.A. : En tant que ministre de la Culture, en tant qu'écrivain, en tant qu'homme d'expérience, quel est ton regard sur le monde d'aujourd'hui et sur son avenir ?

J.S. : Sur ce que l'on a fait, il est évident que le cadre européen a facilité beaucoup de choses. Un exemple très précis : le problème de l'Espagne par rapport à son passé, c'est le problème de ce centralisme bureaucratique que le franquisme a exaspéré jusqu'à un degré incroyable, mais qui était hérité des siècles de la monarchie espagnole. La monarchie espagnole était un régime très centralisé, et bureaucratique, même si elle avait préservé les identités régionales ou nationales, parce que, dans le droit féodal, le roi d'Espagne était en même temps respectueux des libertés médiévales et de ce que l'on appelle *los fueros*, c'est-à-dire le système financier du Pays basque. Aujourd'hui, l'accord qui existe entre le Pays basque et le gouvernement central est hérité de la relation féodale de la monarchie espagnole de Madrid avec les principautés basques. Démanteler ce centralisme qui prenait la forme d'un capitalisme d'État sous le franquisme a été absolument nécessaire ; dès lors, les aspects culturels jouent nécessairement. Passer à un État décentralisé avec des privilèges et des exigences d'autonomie très importantes dans un cadre européen a évité des équivoques et des dérives. Cela a contribué à aider l'Espagne à trouver un équilibre dynamique entre le centralisme traditionnel et le possible danger de dispersion à travers la multiplicité des autonomies locales et régionales. Voilà une des choses que le cadre européen a permis d'aborder plus facilement.

F.A. : À une époque où les nationalismes resurgissent de plus en plus, que pourrais-tu dire aux jeunes Européens d'aujourd'hui ?

J.S. : J'aimerais attirer leur attention sur le fait qu'ils pratiquent l'Europe sans le savoir, c'est-à-dire sans y faire attention, comme si elle allait de soi. Ils pratiquent la monnaie unique, n'ont pas à changer leur argent quand ils voyagent dans la zone euro, n'ont quasiment pas de formalités policières et douanières à remplir aux frontières, et disposent de bourses Erasmus pour étudier dans les universités d'un pays ou de l'autre.

La première chose à faire, c'est donc de leur expliquer que cette situation si banale, à laquelle ils sont habitués, reste exceptionnelle, car il a fallu des décennies, des siècles même de batailles internes et de guerres sanglantes. C'est le résultat d'une volonté farouche d'effacer le passé à travers la réconciliation des ennemis, et en particulier la coopération franco-allemande. Exceptionnel événement ! L'effacement progressif de tant de siècles d'affrontements, la transformation de l'ennemi traditionnel en allié fondamental, c'est un phénomène extraordinaire… Là aussi, il a été admis trop vite comme une évidence.

Il faudrait donc leur faire prendre conscience que, derrière ces évidences, l'histoire ne s'arrête pas. Puis leur expliquer que nous sommes dans une période où il n'y a plus de très grands leaders européens comme, à droite ou à gauche, des gens tels que Kohl, Giscard, Mitterrand, González… Il n'y a plus d'hommes d'État européens. C'est à eux de prendre le relais. Si la jeunesse européenne ne le fait pas à sa façon, dans tous les domaines, et pas uniquement politique, si elle ne fait pas de l'Europe une utopie concrète, un instrument concret de transformation des choses, l'Europe peut, au mieux, s'arrêter de progresser.

Je leur tiendrais donc ce discours à la fois réaliste et utopique, et je les exhorterais à aller encore de l'avant. Aujourd'hui, il y a vingt-sept pays dans l'Union européenne. Mais est-ce vraiment une Union ? N'est-ce pas, par moments, plutôt un amas, un amalgame de pays ? Faire de ces vingt-sept pays, tout en préservant leur diversité culturelle et linguistique, une zone d'unité, dans la mesure où les valeurs démocratiques y prédominent, c'est tout de même une belle aventure…

V

Pour la fraternité

F.A. : Comment, quand on est un jeune Espagnol étudiant en philosophie à la Sorbonne, en vient-on à s'engager dans la Résistance ?

J.S. : Il y a plusieurs raisons à cela. Mais la raison principale, en ce qui me concerne, est personnelle et fondamentale : la Résistance est, d'une certaine façon, la continuation de la guerre d'Espagne. C'était le même ennemi, les mêmes valeurs à défendre. J'avais été trop jeune pour faire la guerre d'Espagne, et je me disais ainsi que je prenais enfin ma part dans la bataille. Comme je voulais que cela ressemble le plus possible à la guerre d'Espagne, c'était important, pour moi, de pratiquer la résistance armée.

J'ai donc travaillé avec certaines organisations à partir de 1941-1942. J'ai demandé l'adhésion au Parti communiste espagnol clandestin, puis le contact a été coupé. J'ai ensuite réussi, par mon ami français Michel Herr, à prendre contact avec la Résistance armée, le réseau « Jean Marie Action » qui dépendait de Londres. Non pas du B.C.R.A. et de De Gaulle, mais directement du *War office* anglais et du réseau « Buckmaster ». Notre rôle consistait précisément à réceptionner et redistribuer les armes parachutées par les Anglais pour les différentes organisations combattantes de l'époque : Combat, Franc-tireur, l'Armée secrète, etc. C'est nous qui livrions ; et c'est de cette façon que j'ai été pris.

Ainsi, pour moi, le mobile principal de mon engagement dépassait la simple atmosphère de mobilisation d'une minorité de Français, ou l'ambiance de khâgne-hypokhâgne à Henri-IV, où une bande de copains était déjà engagée dans la Résistance. L'essentiel était ailleurs. Je voulais faire, moi aussi, ma guerre d'Espagne.

C'est d'ailleurs pourquoi j'ai immédiatement trouvé ma place dans le camp, au sein de la communauté des Espagnols de Buchenwald, qui n'était pas énorme – deux ou trois cents au maximum – et qui avaient tous, comme moi, été arrêtés dans la Résistance française. C'est aussi de cette manière que j'ai retrouvé ma langue maternelle, les accents différents de mon pays, la poésie espagnole. Parce que ce jeune bourgeois qui avait une bonne mémoire était le seul qui pouvait leur réciter des poèmes espagnols : Lorca, Alberti, Machado, Hernández… Ces poèmes-là, retranscrits par les camarades, ont servi pour faire des espèces de soirées poétiques. Je retrouvais l'amour de la langue espagnole que je n'avais pas oubliée, mais que je ne pensais pas pratiquer si littérairement à Buchenwald.

À mon retour à Paris, je me suis naturellement intégré dans le milieu des réfugiés politiques espagnols où il y avait une organisation communiste, et c'est là que j'ai commencé à militer, avec l'idée très arrêtée de revenir en Espagne.

F.A. : Ton nom complet est De Semprun-Maura. Quelle est ta lignée familiale ?

J.S. : Ma famille, la lignée Semprun-Maura, c'est l'alliance d'un vieux nom castillan et d'une famille des Baléares, devenue catalane par la suite. Le nom de mon père, Semprun, est ancien. Dans les archives, on trouve même – c'est horrible à dire – des certificats de « pureté de sang » remontant jusqu'au XIIIe siècle. Cette vieille famille castillane, comme beaucoup d'autres, est descendue du nord de l'Espagne et s'est peu à peu installée à Madrid, la capitale. La première génération vraiment née à Madrid, c'est la mienne – mes frères, mes sœurs et moi. Du côté Maura, l'ancienneté est moindre, mais l'importance politique plus grande. Mon grand-père a été Premier ministre du roi Alphonse XIII plusieurs fois, pendant longtemps. Il était le président d'un des partis qui se partageaient alternativement le pouvoir en Espagne dans ce système de pseudo-démocratie assez corrompue. C'est pour cela que j'ai pu dire au roi actuel, la première fois que nous nous sommes vus : « Sire, je suis votre ministre et mon grand-père a été votre Premier ministre », ce qui l'a fait beaucoup rire.

F.A. : Quand on a vingt ans, qu'on est un brillant étudiant en philosophie, qu'on est d'une famille aristocratique espagnole, même exilée, et qu'on se retrouve subitement dans un camp de concentration et considéré comme un sous-homme, qu'on vous fait comprendre que vous n'êtes plus rien ; quand ensuite on en sort et qu'on traverse la vie en devenant un homme public, ministre, auteur reconnu, respecté, scénariste de renommée internationale, etc. – quel regard peut-on porter sur la notoriété et la reconnaissance, après avoir été humilié de cette façon ? N'a-t-on pas un regard sur la vie, sur l'humanité, un peu transformé ? N'accède-t-on pas à une sorte de dérision ? Ne se dit-on pas : qu'est-ce que c'est que cette reconnaissance ? Qu'est-ce qu'être un homme important ?

J.S. : J'ai envie de répondre plusieurs choses. Je dirai d'abord que jamais je ne me suis senti humilié. Il est vrai que certains témoignages de prisonniers politiques ou de déportés évoquent ce sentiment. Mais cela n'a jamais été le mien. Car j'ai eu très vite, spontanément, conscience d'être là pour des raisons valables : d'une certaine façon, j'avais voulu être là. J'aurais très bien pu continuer mes études de philosophie à Paris et passer à côté de la Résistance, donc à côté de la déportation. J'ai peut-être été humilié dans ma vie, une fois ou deux, mais je n'ai jamais eu ce sentiment au camp.

J'ai lu des témoignages sur la torture, des témoignages très forts et dignes d'être lus, qui disent qu'on est humilié par les coups qu'on reçoit. Moi, c'est surtout de la douleur physique que j'ai ressentie… J'ai toujours eu le sentiment de ma supériorité. C'est un peu prétentieux à dire, mais elle s'exprimait par rapport à l'ennemi en face : bourreaux, gardiens ou gardes-chiourme, S.S. de service… Je savais que je leur étais supérieur.

Ensuite, la notoriété est venue, comme le produit de circonstances qui se sont mises en place peu à peu. On s'y habitue. On n'en souffre pas si on a le sens de l'ironie et de la dérision. Est-ce que cela viendrait du fait d'avoir subi un certain nombre d'épreuves dans la vie ? Peut-être… À vrai dire, je n'en sais rien. Mais, je l'ai dit, j'avais beaucoup plus de pouvoir réel lorsque j'étais membre du bureau politique du Parti communiste d'Espagne, responsable de la direction du travail à Madrid, que quand j'étais ministre de la Culture dans un gouvernement – alors même que je n'avais pas de bureau, pas de secrétariat, pas de voiture de fonction, pas d'administration, en somme. Parce que j'exerçais un pouvoir sur les âmes et sur les gens. Des gens s'engageaient parce que je leur avais parlé, parce que je les avais convaincus. Et est-ce qu'ils le regrettent aujourd'hui ? Je ne sais pas ! C'est un autre problème. Je savais que j'avais ce pouvoir d'orienter, de réorienter, de dire à quelqu'un qu'il faisait fausse route, qu'il avait tort ou devait revoir son choix de militer à plein temps. En tant que ministre de la Culture, j'avais à peine un pouvoir sur le budget, à peine un pouvoir sur les fonctionnaires.

Bien sûr, ce n'est qu'une comparaison, qu'il ne faut pas prendre au pied de la lettre. Mais la fatuité que peut donner le pouvoir, je n'ai pas eu l'occasion de la ressentir. Ce n'était pas important.

F.A. : Nous avons parlé de la jeunesse européenne et du discours que tu pourrais lui tenir. Toi, l'homme politique de gauche, quel discours tiendrais-tu aux jeunes des banlieues en France, qui ne se reconnaissent ni dans la culture française ni dans la culture de leurs parents, et qui peinent donc à trouver leur identité ?

J.S. : Je crois que je m'adresserais d'abord aux hommes politiques, aux responsables des collectivités où existent ces banlieues, pour attirer leur attention sur la nouveauté radicale de ces zones. L'immigration, en France, est très ancienne ; mais il y a une différence radicale entre l'immigration d'antan et celle d'aujourd'hui. Avant, les immigrés étaient des Polonais, des Espagnols, des Portugais, c'est-à-dire des catholiques blancs, qui évoluaient sensiblement dans le même univers de valeurs. Ces banlieues étaient tenues, aussi bien du point de vue moral que du point de vue de la sécurité, par deux organismes très différents, mais qui avaient joué un rôle analogue : l'Église catholique et le Parti communiste, qui donnaient de l'espoir et qui encadraient.

Aujourd'hui, ni l'un ni l'autre n'ont plus d'influence dans les banlieues, car ces banlieusards ont changé. Nous sommes enfin arrivés au moment où l'autre est enfin devenu autre.

Je ne dis ni que c'est mieux ni que c'est moins bien ; c'est seulement différent. Il faudrait donc commencer par s'adresser aux classes dirigeantes de nos pays pour leur demander : est-ce que vous vous rendez compte ? Nous avons affaire à des gens complètement différents, dont la culture, l'éducation, les références essentielles ne sont plus les mêmes. Cette jeunesse, même si elle n'est pas pratiquante, n'a pas la même écoute du monde que les jeunes Polonais, Espagnols, Portugais qui avaient la culture catholique de leurs pays d'origine et de leurs familles, et qui avaient donc foi dans des institutions sérieuses comme l'Église ou le parti.

Et puis il y a un autre problème, qui est devenu le problème essentiel : l'immigration d'antan venait dans une France où elle était sûre de trouver une école, du travail et une intégration à travers le service militaire. Aujourd'hui, il n'y a pas de travail garanti, l'école ne peut plus remplir aussi bien le rôle qu'elle jouait dans le passé, surtout l'école primaire, qui est à la base de tout ; et il n'y a plus de service militaire, cette fusion hors classes. On peut critiquer le service militaire, bien entendu… mais il n'a pas été remplacé par un service national, ou quelque chose de comparable, où les jeunes seraient d'une certaine façon privés de leur nationalité et de leur culture d'origine pour apprendre et se fondre dans la culture laïque de la République.

Je me rappellerai toute ma vie l'apparition chez Bernard Pivot, dans l'émission *Apostrophes*, de Georges Charpak, prix Nobel de physique. Celui-ci a raconté comment il était arrivé à onze ans, petit Juif polonais, dans une école primaire du XIVe arrondissement. Le maître l'avait placé au premier rang, à côté du meilleur élève de la classe, et avait dit aux élèves : « Mes enfants, nous accueillons aujourd'hui Georges Charpak, votre camarade qui arrive de Pologne, juif, etc., qui sait à peine parler français, nous allons l'aider, tous, c'est pourquoi je l'ai mis à côté d'Untel. » C'est un prix Nobel qui dit ça. J'imagine que ce serait impensable aujourd'hui ! Ce n'est pas vraiment la faute des enseignants, mais l'école primaire aujourd'hui ne peut plus faire cela ; il y a trop de diversité pour que l'on puisse s'occuper d'un seul élève dans une classe de trente. C'est un détail, mais à travers lequel on voit très bien l'impossibilité de l'école primaire à remplir le rôle qu'elle a extraordinairement bien joué pendant des décennies. L'école primaire française a été le creuset d'un esprit citoyen, d'une vision laïque du monde, du sens de l'effort et de la discipline intellectuelle. Je ne parle pas de la discipline dans les classes…

Alors il faudra d'abord s'adresser à nous-mêmes, pour comprendre que nous sommes dans un univers différent. Ni pire, ni forcément décadent, comme certains intellectuels se plaisent à le dire. Non ! Il suit l'évolution d'une société qui elle-même devient différente, plurielle, débarrassée aussi de nombreux préjugés hérités du passé. Face à cela, il faut inventer des solutions nouvelles, remplacer ce qui a disparu par des valeurs vivantes.

Ainsi donc, je ne m'adresserais pas directement aux jeunes de banlieue… mais tout d'abord à ceux qui doivent s'occuper d'eux.

F.A. : Si tu avais vingt ans aujourd'hui, de quel avenir rêverais-tu, si tout était à construire ? De quel monde voudrais-tu être l'acteur en te situant à vingt ans en 2010 ?

J.S. : J'aimerais être un acteur de la transformation, de la réforme du monde. Ce que j'essaye d'être depuis toujours, à quatre-vingt-six comme à vingt ans. L'expérience et la volonté révolutionnaires du XXe siècle ont été d'une façon évidente marquées par le communisme. Mais le fait que cette expérience ait échoué, et ce d'une façon sanglante, ne rend pas pour autant vivable et juste la société actuelle. Cette société est invivable pour une bonne partie, sinon pour la majorité des citoyens du monde. L'envie de la réformer, de l'améliorer, serait aussi la mienne si j'avais vingt ans, comme elle l'est encore malgré mon grand âge.

Cela dit, la différence radicale se situe autour de la question du communisme. Il est évident aujourd'hui que cette bataille pour une société plus vivable et plus juste ne peut plus se faire sous les drapeaux de cette idéologie. Il y a d'autres méthodes à chercher – et c'est d'ailleurs l'une des difficultés actuelles pour la gauche. Il n'y a plus un chemin élaboré, tout prêt, de même qu'il avait semblé pendant des dizaines d'années que le communisme était le chemin de la révolution. Les méthodes sont à réinventer, les compagnons de batailles à trouver. Ce n'est pas évident ! Ils sont sûrement nombreux, mais on ne les connaît pas, ils ne s'expriment pas ouvertement dans tel ou tel parti. La volonté solidaire, en revanche, est toujours là, heureusement.

Si j'avais vingt ans aujourd'hui, je serais peut-être dans une O.N.G. humanitaire, voire une O.N.G. plus radicale cherchant à s'opposer à tel ou tel aspect de la mondialisation. En général, je crois que par définition, et malgré l'expérience de la Résistance, je ne serais plus dans une organisation belliqueuse qui prône la lutte armée. Mais c'est un aspect accessoire. Aujourd'hui je ne suis pas actif dans des O.N.G., mais j'appuie de temps en temps des initiatives. J'en fais moins, mais avec toujours un peu le même objectif : essayer de rendre vivable une société qui est invivable pour une partie de nos concitoyens.

En ce qui concerne l'ici et maintenant, outre l'échec du communisme, un autre facteur entre en ligne de compte. Pendant les années 1930 et les années 1950, celles des grands engagements, la médiation s'est faite à travers le parti. On était soit adhérent, soit compagnon de route, mais le communisme était la référence. Gramsci, grand marxiste italien mort en prison, persécuté par Mussolini, parlait de la nécessité d'être « des intellectuels organiques de la classe ouvrière ». De nos jours, un intellectuel ne peut plus accepter cette mutilation de la pensée libre que représente l'inscription formelle dans un parti, surtout dans l'appareil du Parti communiste. Un peu par plaisanterie, un peu par provocation, je dirais que, contrairement à ce que Gramsci pensait, nous devons aujourd'hui nous féliciter d'être des intellectuels « inorganiques ». Notre référence n'est plus le Parti communiste mais une autre forme d'engagement, plus directe, moins médiatisée par les partis.

Finalement, pour moi, Espagnol, cette différence entre organique et inorganique est plus facile à saisir, parce que les théoriciens du franquisme disaient que la démocratie parlementaire, c'est-à-dire celle à laquelle nous aspirions, était une « démocratie inorganique », alors que la dictature du franquisme était une « dictature organique ». Alors, je préfère par excellence l'inorganique de la démocratie dans ce sens-là. Les intellectuels inorganiques sont pour moi des intellectuels libres, alors que les intellectuels organiques ne le sont plus.

Bien sûr, c'est moins facile, parce que, autrefois, on pouvait profiter du confort de la multitude autour de soi. On était dans une espèce de fraternité, d'union, avec une immense minorité de gens. Ce sont des passages espagnols que je traduis maintenant, parce que c'est une expression d'un poète espagnol qui disait qu'il s'adressait à « l'immense minorité ». Eh bien, l'immense minorité des gens de gauche, des communistes, constituait une référence fraternelle. Aujourd'hui, on est beaucoup plus souvent seuls. On a des amis, on se découvre des collègues, des compagnons de pensée dans des cercles très différents… Mais on est beaucoup plus seuls et beaucoup moins sûrs de nous-mêmes.

F.A. : Quelle est l'image idéale de l'homme que tu pourrais, ou que tu aimerais écrire aujourd'hui ?

J.S. : Encore une fois, j'en reviens à l'expérience du camp. Parce qu'elle concentre les éléments de l'expérience humaine dans des situations compliquées, difficiles et déterminantes. Et l'image de l'Homme idéal, c'est l'expérience qu'on peut faire aussi dans un autobus, un wagon de métro parisien, au coin d'une rue avec un S.D.F. couché sur le trottoir. On peut la faire là, mais dans le camp l'expérience est encore plus signifiante et forte. L'Homme idéal est celui qui est capable de donner son morceau de pain quotidien déjà dérisoire, de le couper en deux pour aider quelqu'un qui est en plus mauvaise position physique que lui-même. Donner, faire cadeau, nourrir quelqu'un en se privant soi-même de quelque chose.

Je sais que cela existe, parce que je l'ai vu. Ce n'est pas un postulat de l'imagination fraternelle ; je l'ai vécue, cette expérience de l'homme capable de ce geste. Bien entendu, de nombreux anciens déportés me diront le contraire. J'ai aussi vu des déportés qui volaient le morceau de pain que le camarade avait oublié de planquer ; ils privaient donc délibérément quelqu'un de quelques jours, de quelques semaines ou de quelques heures de vie. Les deux sont possibles, mais je préfère retenir l'expérience du Bien. Un homme idéal, c'est cela : celui qui est capable de perdre quelques chances de vie pour aider quelques autres à les garder.

F.A. : Donc, pour toi, l'une des plus grandes qualités de l'homme serait la générosité ?

J.S. : Je parlerai de « fraternité » plutôt que de générosité. Je n'ai rien contre le mot générosité, mais je crois que « fraternité » va plus loin. La générosité peut être l'acte d'un moment, presque une pulsion : le mendiant est là, on donne quelque chose. Mais la fraternité est plus enracinée dans une histoire, elle est plus durable.

F.A. : Soit, le mot « fraternité » est évidemment plus fort. J'avais employé ce terme pour rebondir sur ton œuvre littéraire, qui est un témoignage sur le XXe siècle. Je ressens tes livres comme des actes de générosité. As-tu aussi ce sentiment que ton témoignage est une ouverture, une possibilité de faire partager aux gens ce que tu as vécu, à travers cette vie ô combien romanesque ? Est-ce pour cela que tu écris, pour partager avec tes lecteurs ton expérience et les en faire profiter ?

J.S. : Répondre est délicat, car je ne veux pas du tout être donneur de leçons. Il n'y a rien que je déteste plus que l'idée que l'on puisse prendre l'expression, normale et spontanée, de mes sentiments comme une espèce de leçon de générosité.

Personnellement, ce qui m'intéresse dans cet aspect de mes livres, concernant l'expérience politique dans le sens large du terme, c'est la vérité, plutôt que la leçon de morale à tirer. J'essaie de m'approcher au plus près de la vérité des sentiments d'une expérience humaine. Si, en plus, il y a une leçon réelle, ni didactique ni pesante mais réelle, qui à travers cette vérité donne l'envie d'être fraternel, alors tant mieux. Mais je ne cherche pas à me conformer au modèle d'un moraliste.

Dans la littérature, je crois qu'il faut chercher la vérité, la vérité de ce que l'on dit. De là viendront toutes les autres valeurs. Mais renverser les choses et dire : « Je veux témoigner pour la grandeur humaine », non ! En général, on rate le coche littérairement, le livre devient autre chose : un livre de morale, un livre de réflexion plus ou moins intéressant. Mais sans aller jusqu'à dire, comme Gide, que la bonne littérature est l'ennemie des bons sentiments, je pense néanmoins que les bons sentiments ne font a priori pas de la bonne littérature.

Le premier propos d'un livre, c'est de vouloir rétablir la vérité de l'histoire qu'on raconte. C'est encore mieux si l'on peut être « distrayant », intéresser, provoquer des réflexions nouvelles, faire que quelqu'un s'étonne, admire, et à travers l'étonnement qu'il fasse un progrès dans la connaissance de telle ou telle chose… Mais tout cela vient de soi-même si on réussit littérairement.

L'effort d'écrire ne se justifie que par cela : la singularité de ce que l'on a à rapporter.

F.A. : Ayant traversé toute ta vie avec ces épreuves – c'est au philosophe que je m'adresse – quel est pour toi le sens de la vie ? En tires-tu plutôt une connaissance ou un questionnement ?

J.S. : Pour le dire d'une façon paradoxale, le sens de la vie, c'est que la vie n'est pas la valeur suprême. Souvent, on affirme le contraire comme une évidence. Certes, préserver la vie est évidemment, au premier abord, une action moralement supérieure. Il y a pourtant des valeurs encore au-dessus, puisqu'on peut leur sacrifier sa vie : la liberté, par exemple. Contre un occupant étranger, une dictature, une situation d'oppression intolérable, on se dresse pour la liberté au péril de sa vie. Il existe donc une autre forme de hiérarchie.

À mes yeux, la valeur suprême est justement la liberté démocratique au sens de l'autonomie personnelle, la liberté d'expression, d'opinion et de réunion. Le sens de la vie repose dans ce qui lui donne une signification, dans ce qui justifie de la sacrifier ou de la reléguer au second plan. Faire d'abord ce qui est juste, nécessaire, bon… et ensuite, si on survit, tant mieux… Sinon, tant pis ! Le sens de la vie, c'est qu'il faut savoir la sacrifier. Ce sacrifice donne tout son sens à la moindre vie humaine – même la plus misérable.

F.A. : Quelle empreinte penses-tu que tu laisseras aux générations futures ?

J.S. : Il me semble très difficile d'estimer quelle empreinte on laissera. En ce qui me concerne, je trouve même cette préoccupation un peu prétentieuse, voire arrogante. Mais si je dois y songer, je me dis que l'empreinte que j'aimerais laisser est celle du passage, de la « déprise de soi ». On peut avoir vécu vingt ans durant pour une certaine idée, comme moi avec le communisme, mais le constat d'échec, le côté sanguinaire, conduisent à l'abandonner. Il faut alors se reconstruire.

Finalement, la trace qui peut rester est celle de ce que l'on appelle, en langage théologique, un apostat. Quelqu'un qui renie sa foi pour se reconstruire sur une autre… Voilà ce que j'aimerais laisser : l'empreinte de la critique et même de l'autocritique, l'empreinte sur l'âme plutôt que sur le monde.

F.A. : De toutes tes différentes vies, quelle est celle qui t'a le plus enthousiasmé ?

J.S. : Au cours de mes vies multiples, mes enthousiasmes ont évolué. La clandestinité m'a procuré beaucoup d'enseignements, de joies quotidiennes… mais mes plus grands bonheurs sont dans l'écriture, dans le fait de parvenir à dire à peu près ce que je voulais dire – à peu près, car on n'arrive jamais à le dire complètement.

Finalement, écrivain clandestin, c'est contradictoire… mais c'est idéal !

Œuvres de Jorge Semprun citées dans cet ouvrage

Livres :

Le Grand Voyage, Paris, Gallimard, 1963.

L'Évanouissement, Paris, Gallimard, 1967.

Autobiographie de Federico Sánchez, Paris, Le Seuil, 1977.

L'Algarabie, Paris, Fayard, 1981.

Federico Sánchez vous salue bien, Paris, Grasset, 1993.

Adieu, vive clarté…, Paris, Gallimard, 1998.

Vingt ans et un jour, Paris, Gallimard, 2004.

Jorge Semprun et Dominique de Villepin, *L'Homme européen*, Paris, éditions Perrin, 2005.

Une tombe au creux des nuages. Essais sur l'Europe d'hier et d'aujourd'hui, Paris, Flammarion, coll. « Climats », 2010.

Exercices de survie, Paris, Gallimard, 2012.

Films :

La guerre est finie, 1966, scénario : Jorge Semprun, réal. : Alain Resnais.

Z, 1969, scénario : Jorge Semprun et Costa-Gavras, d'après le roman de Vassilis Vassilikos, réal. : Costa-Gavras.

L'Aveu, 1970, scénario : Jorge Semprun, d'après le livre d'Artur London, réal. : Costa-Gavras.

Les Deux Mémoires, 1972, scénario et réal. : Jorge Semprun.

Section spéciale, 1975, scénario : Jorge Semprun et Costa-Gavras, réal. : Costa-Gavras.

L'Affaire Dreyfus, téléfilm diffusé en 1995, scénario : Jorge Semprun, d'après *L'Affaire* de Jean-Denis Bredin, réal. : Yves Boisset.

Ah, c'était ça la vie !, téléfilm diffusé en 2010, scénario : Jorge Semprun et Franck Appréderis, réal. : Franck Appréderis.

Le Temps du silence, téléfilm diffusé en 2011, scénario : Jorge Semprun et Franck Appréderis, réal. : Franck Appréderis.

Table des matières

CET OUVRAGE
A ÉTÉ COMPOSÉ PAR NORD COMPO
À VILLENEUVE-D'ASCQ

ACHEVÉ D'IMPRIMER
PAR L'IMPRIMERIE FLOCH
À MAYENNE EN JANVIER 2013

N° d'impression : 84007
Dépôt légal : février 2013
Imprimé en France